Alexander Loichinger

Frage nach Gott

Meinem Vater
Johann Baptist Loichinger
† 19. Februar 2003
zum Gedenken

Alexander Loichinger

Frage
nach Gott

BONIFATIUS

Imprimatur. Paderbornae, d. 7. m. Augusti 2003
Nr. 2/A 58-21.00.2/700. Der Diözesanadministrator Hans-Josef Becker

Bibliografische Information Der Deutschen Bibliothek
Die Deutsche Bibliothek verzeichnet diese Publikation in der
Deutschen Nationalbibliografie; detaillierte bibliografische
Daten sind im Internet über http://dnb.ddb.de abrufbar.

Umschlagfoto: König David vor dem Auge Gottes.
Deckenfresko über der Orgelempore der Klosterkirche
Schäftlarn von J. B. Zimmermann, 1754-1756 (Detail);
Mit freundlicher Genehmigung der
Benediktinerabtei Schäftlarn
Foto: Gregor F. Peda, D-94034 Passau

Umschlaggrafik: Christian Knaak, Dortmund

ISBN 3-89710-258-7

© 2003 by Bonifatius GmbH Druck · Buch · Verlag Paderborn

Gesamtherstellung:
Bonifatius GmbH Druck · Buch · Verlag Paderborn

Inhalt

An den Leser

Es besteht kein Zweifel: Zu glauben fällt heute schwerer. Wir leben nicht mehr in einer Welt, in der man selbstverständlich von der Wahrheit des Glaubens überzeugt ist. Eher ist das Gegenteil der Fall. Nur allzu vielen Anfragen ist der Glaube an Gott heute ausgesetzt. Und wenn man ehrlich ist, sind sie alle berechtigt.

In früheren Jahrhunderten war das noch anders. Dort waren die großen Lehrer der Theologie und Philosophie davon überzeugt, dass man die Existenz Gottes absolut sicher beweisen kann. Nicht an Gott zu glauben, schien daher völlig unvernünftig. Heute sind diese Glaubensbeweise allesamt fragwürdig geworden. Heute wissen wir, dass man die Wahrheit des Glaubens nicht mit absoluter Gewissheit beweisen kann.

Viele Fragen stellen sich. Da ist die Frage danach, wie Gott, der doch allmächtig ist und vollkommen gut, so viel Leid zulassen kann. Widerspricht die Erfahrung von Leid und Übel in der Welt nicht dem Glauben an einen gütigen Schöpfergott? Und da ist die andere Frage, inwiefern man Gott zur Erklärung des Universums überhaupt noch braucht. Kann nicht alles ebenso gut durch die evolutiven Naturgesetze erklärt werden? Zeichnen nicht überhaupt Technik und Naturwissenschaft längst ein völlig anderes Bild der Wirklichkeit? Wie passt dazu die Überzeugung, dass Gott das Universum erschaffen hat, es lenkt und mit dem Menschen einen Plan verfolgt? Anderseits behaupten viele Menschen, Gottes Gegenwart und Wirken in ihrem Leben erfahren zu haben. Aber wie verlässlich sind solche religiösen Erfahrungen?

Mit diesen Fragen beschäftigt sich das vorliegende Buch. Es will einerseits informieren über den Stand moderner Wissenschaft und Theologie. Es will anderseits zu einem klaren Ergebnis kommen in der Frage nach Gott. Die Überlegungen sind bewusst auf das Wesentliche beschränkt. So kann sie jeder Leser mitvollziehen. Wo Fachausdrücke unvermeidlich sind, werden diese erklärt.

Glauben

Was bedeutet eigentlich Glauben? Eine Umfrage hierzu würde vermutlich ein recht unterschiedliches Ergebnis zu Tage fördern. Die einen würden behaupten, Glauben besteht darin, dass man für wahr hält, was im Katechismus steht. Andere würden betonen, Glauben heißt, die Gebote Gottes zu halten bzw. ein gerechtes und gutes Leben zu führen. Wieder andere würden sagen, Glauben bedeutet, dass man sich in allen Lebenslagen Gott anvertraut. Jede Antwort sieht etwas Richtiges.

Die wissenschaftliche Theologie definiert den Glauben nach drei Seiten hin, nämlich als Weltanschauung, als persönlichen Gottesbezug und als Wagnis. Alle drei Aspekte sind gleich wichtig und unverzichtbar. Erst miteinander ergeben sie das, was man religiösen Glauben nennt.

Glauben als Weltanschauung

Frage nach dem Sinn

Als die Menschen, die wir sind, fragen wir ganz unwillkürlich nach dem Sinn des Ganzen unseres Lebens und Daseins. Vor allem darin unterscheidet sich der Mensch vom Tier. Das Tier hat solche Fragen nicht. Es ist durch seinen Instinkt gesteuert. Darin reagiert es auch immer richtig. Dagegen kann sich der Mensch nicht auf ein solches instinktgesichertes Verhalten stützen. Sondern ihm stellt sich die Frage, wie er handeln und seine Zukunft gestalten soll.

Die moderne philosophische und theologische Lehre vom Menschen beschreibt den Menschen daher als „weltoffenes Wesen".[1] Das hat zwei Seiten. Einerseits muss sich der Mensch selber Orientierung verschaffen. Er muss sich selber in der Welt zurechtfinden. Anderseits ist der Mensch weder auf ein bestimmtes Verhalten noch auf eine bestimmte Umwelt festgelegt. Sondern er ist frei. Er kann selbst bestimmen, wie er leben will. Er kann sein Leben selber in die Hand nehmen. In freier Zielsetzung kann er auch seine Umwelt gestalten. Und allein diese mit seiner „Weltoffenheit" gegebene Freiheit ist auch der Grund dafür, dass der Mensch Kulturen schaffen, Wissenschaft treiben und Kunst hervorbringen kann.

Freilich erzwingt diese Freiheit vom Menschen Antworten auf Fragen, die sich dem Tier gar nicht stellen. Der Philosoph Immanuel Kant (1724-1804) fasst sie folgendermaßen zusammen: „Was können wir wissen? Was sollen wir tun? Was dürfen wir hoffen?". Solche Fragen nach Sinn, Orientierung und der Zukunft stellen sich dem Menschen zwangsläufig. Und jeder Mensch hat sie auch für sich auf die eine oder andere Weise beantwortet. Denn jeder macht sich ein Bild von der Wirklichkeit. Jeder prägt seine Sicht der Dinge aus, und lebt und handelt danach. Das mag ihm bewusst sein oder nicht.

Damit aber lässt sich dem Glauben eine klare Funktion zuweisen. Der Glaube versucht nichts anderes, als diese menschlichen Grund- und Lebensfragen zu beantworten. Er zielt daher, wie der Freiburger Religionsphilosoph Bernhard Welte (1906-1983) definiert, auf „eine Deutung des gesamten Daseins des Menschen in der Welt".[2] Und er eröffnet damit eine ganz bestimmte Sicht der Wirklichkeit, lässt sie in bestimmter Perspektive erscheinen und gewährt darin umfassende Orientierung.

In dieser Funktion besitzt der Glaube zugleich einen ganz selbstverständlichen Anknüpfungspunkt im Menschen. Er ist nicht etwas, das dem Menschen fremd ist und mit ihm und seinem Leben nichts zu tun hat. Das Gegenteil ist der Fall. Glaube gibt Antwort auf die Lebens- und Orientierungsfragen, die sich jedem Menschen auf die eine oder andere Weise stellen. Glaube deutet das Leben insgesamt. Glaube vermittelt eine Gesamtsicht der Dinge, aus der heraus sich der Mensch mit seinem konkreten Leben und Schicksal verstehen kann.

Der Glaube tritt daher dort auf den Plan, wo das Verständnis der Wirklichkeit im Ganzen thematisiert wird. Genau damit aber erfüllt der Glaube die Rolle einer Weltanschauung. Denn er nimmt das Ganze von Welt, Wirklichkeit und Leben in Blick. Er vermittelt nicht nur irgend ein Einzelwissen. Sondern er gibt Anwort auf die Frage nach dem Sinn des Ganzen.

Atheistischer Glauben

Diese Frage nach dem Sinn des Ganzen kann man nun auf genau zwei Weisen beantworten. Man kann die Wirklichkeit als Ganze religiös deuten oder atheistisch. Auch der Atheismus (vom griechischen „a-theos" = „ohne Gott") stellt somit einen weltanschaulichen Glauben dar. Während der religiöse Mensch glaubt, dass es einen Gott gibt, der das Universum erschaffen hat, es lenkt und leitet, und den Menschen schließlich zur ewigen Seligkeit führt, glaubt der Atheist, dass genau all das nicht der Fall ist.

Ein solcher atheistischer Glaube kann in ganz unterschiedlichen Formen auftreten, als Kommunismus und Materialismus, als Physikalismus und Naturalismus. Diese Formen unterscheiden sich nur in ihrer konkreten Ausformulierung, nicht jedoch was ihre weltanschauliche Grundauffassung betrifft. Denn übereinstimmend behaupten sie, dass es nur rein innerweltliche Sinnziele gibt, die auch mit rein innerweltlichen Mitteln erreichbar sind. Es gibt nur diese Welt und dieses Leben, wenn auch mit all den reichen Verwirklichungsmöglichkeiten, die es bietet. Es gibt aber für den Menschen und seine Geschichte keinen letzten alles umfassenden Sinn.

Als der englische Mathematiker und Philosoph Bertrand Russell (1872-1970) gefragt wurde, worin seiner Ansicht nach der Sinn des Universums besteht, stellte er fest: „... ich würde sagen, das Universum ist einfach vorhanden, und das ist alles."[3] Trotzdem, so Russell, muss man nicht verzweifeln. Denn auch wenn es keinen letzten Sinn gibt, gibt es doch die vielen Möglichkeiten einzelner Sinnerfüllungen. Für sie lohnt es durchaus zu leben und zu arbeiten.

Ein solcher Einzelsinn besteht beispielsweise in der Verwirklichung von Werten wie Frieden und Freiheit. Ein solcher Einzelsinn besteht auch im Kampf um Gerechtigkeit und menschenwürdige Verhältnisse. Ein solcher Einzelsinn besteht aber auch in der Freude am Schönen, in der Bereicherung, die eine persönliche Begegnung bedeutet, in der Erfüllung, die ein Gelingen gewährleistet. Und wenn das Leben auch die andere Seite von Leid und Enttäuschungen hat: Dann, so Russell, soll sich der Mensch über sie nicht mit falschen Jenseitshoffnungen hinwegtäuschen. Sondern er soll daran arbeiten, diese Welt, soweit es in seinen Kräften steht, gerechter und menschlicher zu machen, damit sie für einen selbst und für andere erträglicher wird.

Trotz seiner atheistischen Grundeinstellung vertritt Russell daher ein edles humanistisches Menschenbild. Es gibt dem Leben Ernst, Wert und Würde. Ausgeschlossen ist nur, dass das Ganze einen Sinn hat. Dagegen geht der weltanschauliche Nihilismus (vom lateinischen „nihil" = „nichts") viel radikaler vor. Seine Grundeinstellung lautet: Weil es keinen letzten Sinn gibt, gibt es auch keine einzelnen Sinngebungen. Entsprechend besteht der Sinn des Daseins darin, dass alles sinnlos ist.

Arthur Schopenhauer (1788-1860) gründete darauf seine Philosophie des Pessimismus. Unser ganzes Leben, so Schopenhauer, ist Streben und Wille. Dieser wird aber in seinem Verlangen und Sehnen nie gestillt, und ist daher sinnlos leidend. Einerseits wollen wir immer weiter leben, andererseits werden wir immer nur enttäuscht und resignieren schließlich, weil uns das endgültige Glück versagt bleibt. Die Welt, schreibt Schopenhauer zutiefst pessimistisch, erscheint als „Tummelplatz gequälter und geängstigter Wesen, welche nur dadurch bestehen, dass eines das andere verzehrt".[4]

Noch weiter geht Friedrich Nietzsche (1844-1900). Für ihn stellt bereits die Vorstellung, dass es objektive Wer-

14

te gibt wie Gerechtigkeit oder Treue, um derentwillen sich der Einsatz des Lebens lohnt, nichts weiter dar als eine Täuschung. Und nach Jean-Paul Sartre (1905-1980) und Albert Camus (1913-1960) kann es, weil es keinen Gott gibt, auch keinen Lebenssinn geben, und erscheint entsprechend alles sinnlos. Es gibt weder einzelne Sinnziele noch einen letzten Gesamtsinn. Vielmehr sind wir Menschen in ein absurdes Dasein gestellt, das wir eben durchleiden müssen. Der Sinn unserer Existenz ist, dass sie keinen Sinn hat. Mehr noch: Ihr Sinn ist das Absurde. Das ist die Wahrheit über das Leben.

Religiöser Glauben

Ein völlig anderes Bild entwirft der religiöse Glauben. Er setzt das genaue Gegenteil voraus, nämlich dass es für alles einen Sinn gibt, weil es Gott gibt. Denn Gott verfolgt mit dem Menschen und Universum einen ewigen Plan. Dieser Plan mag für uns erkennbar sein oder nicht. Entscheidend ist die Überzeugung, dass diese Welt, dass dieses Leben nicht alles ist, sondern lediglich ein Ausschnitt aus einem umfassenden Ganzen.
So heißt es an zentraler Stelle bei Jesaja: „Fürchte dich nicht, denn ich habe dich erlöst. Ich habe dich beim Namen gerufen, zu mir gehörst du" (Jes 43,1). Jesaja fasst damit die Verheißung religiösen Glaubens insgesamt zusammen. Gott ist der Schöpfer und Lenker der Welt. Er hat alles geschaffen. Egal, was passiert: Nichts kann endgültig vernichtet werden oder verloren gehen. Nichts kann endgültig aus Gottes Fürsorge herausfallen. Und selbst was verfehlt und vertan scheint, findet in Gott seinen letzten Sinn. Denn alles gehört Gott zu. Der religiöse Glauben betrachtet daher alles unter dem Blickwinkel Gottes (sub ratione Dei). Kein Ereignis, kein Geschehen, nichts ist rein zufällig und beliebig, sondern alles findet in Gott seinen letzten Sinn.
Das darf nun nicht missverstanden werden, so als ob dieser letzte Sinn immer offen zu Tage liegen würde.

Sondern wer glaubt weiß, dass er sich vor der je größeren „Weisheit Gottes" zu bescheiden hat. Aber er weiß auch um die Verheißung, die ihm im Glauben zugesagt ist und die wieder Jesaja zeitlos gültig beschreibt mit seinem Bild vom kommenden Reich Gottes: „Dann wohnt der Wolf beim Lamm, ... das Kind streckt seine Hand in die Höhle der Schlange. Man tut nichts Böses mehr, ... denn das Land ist erfüllt von der Erkenntnis des Herrn" (Jes 11,6-10).

An solchen eigentlich poetischen Stellen spricht Jesaja eine Endzeitvision über die endgültige Zukunft des Universums und allen Lebens in ihm aus. Am Ende der Zeit tritt Gott mit seiner Herrlichkeit offen hervor. Am Ende der Zeit macht Gott den Sinn der Menschheits- und Universumsgeschichte endgültig klar. Dieser Sinn besteht im kommenden Reich Gottes, Reich Gottes verstanden als Bildwort für das endgültige Heilwerden von Mensch und Schöpfung insgesamt.

Religiöser und atheistischer Glauben sind also darin identisch, dass beide nach einem Gesamtverständnis der Wirklichkeit fragen. Beiden geht es um einen umfassenden Lebensentwurf. Beiden ist es zu tun um eine endgültige Antwort auf die Frage nach dem Sinn des Lebens und nach der Zukunft des Menschen. Der Unterschied zwischen beiden ist nur, dass der atheistische Glauben diese Fragen ohne Bezug und der religiöse Glauben mit Bezug auf Gott beantwortet.

Als Weltanschauung umfasst der religiöse Glauben daher ebenso wie der atheistische Glauben einen ganzen Komplex von Ansichten und Überzeugungen, von Werten, von Idealen und auch von emotionalen Grundeinstellungen. Sie werden vom Gläubigen für wahr und richtig gehalten. Sie bilden auch die Basis für sein konkretes Denken und Handeln.

Das alles betrifft die inhaltliche Seite des Glaubens. Sie findet ihren Niederschlag im Glaubensbekenntnis (Credo) ebenso wie in den kirchlichen Dogmen, in den zehn Geboten oder im Katechismus.

Glauben als persönlicher Gottesbezug

Gottesvertrauen

„Wer glaubt, vertraut auf Gott", heißt es im Volksmund. Tatsächlich gewinnt Glauben erst als persönliches Gottesvertrauen seine eigentliche Tiefe und Bedeutung. Nicht umsonst betonen die zentralen Glaubensdefinitionen der Bibel gerade diese persönliche Seite des Glaubens.

Wieder heißt es bei Jesaja an entscheidender Stelle: „Wenn ihr nicht glaubt, habt ihr keinen Bestand" (Jes 7,9). Jesaja will damit ein Doppeltes sagen. Glauben meint zum einen ein unbedingtes Sich-auf-Gott-Verlassen. Zum andern gewinnt der Mensch allein darin Halt für sich und sein Leben. Solchen Halt kann sich der Mensch nicht selbst verschaffen und findet ihn auch sonst nirgendwo in der Welt. Sondern er gewinnt ihn allein im Vertrauen auf Gott, der allein dem Menschen Halt, Trost und Bestand über den Tod hinaus geben kann.

Zugleich klingt hier die spirituelle Seite alttestamentlichen Glaubens auf. Gott allein ist der, dem man unbedingt vertrauen darf. Die Welt ist trügerisch, und auch die Menschen halten nicht, was sie versprechen. Gott aber ist treu. Ihm kann man trauen, selbst gegen den Augenschein. Und wenn nichts Bestand hat: In Gott ist Beständigkeit.

Auch für das Neue Testament ist dieses persönliche Gottesvertrauen zentral. Wer auf Gott vertraut, braucht sich nicht zu sorgen, heißt es. Hierher gehört auch das scheinbar überzogene Wort Jesu: „Für den Glaubenden ist alles möglich" (Mk 9,23). Es meint nicht die naive Annahme, irgendwie werde schon alles gut gehen. Sondern es meint die unbeirrbare Zuversicht, dass die Zukunft nicht grundsätzlich ausweglos ist. Denn sie liegt in Händen Gottes. Und Gott wird sie auch zum Guten wenden. Diesen Glauben fordert Jesus. Er fordert damit, ganz im Sinn des Alten Testaments, das unerschütterliche Gottesvertrauen, mit dem sich der Glaubende Gott anheim stellt, auch wenn Gottes Wille nicht in Allem verstehbar ist. Er fordert damit das Zutrauen auf den je größeren Gott, bei dem nichts unmöglich ist.

Dieser zweite Aspekt des theologischen Glaubensbegriffs betont daher etwas anderes. Er stellt klar, dass Glauben wesentlich mehr bedeutet, als dass man bestimmte Überzeugungen für wahr hält oder den Katechismus auswendig kennt. Vielmehr liegt der Akzent hier auf dem ganz persönlichen, konkret gelebten Gottesbezug des Einzelnen.

Erst hier wird Glauben zu einer eigentlichen Lebensrealität. Erst hier gewinnt er den Lebensernst, den er fordert. Die konkreten Glaubensinhalte erscheinen davor, wie Kardinal Ratzinger betont, irgendwie sekundär.[5] Denn im wahren Glauben steht nicht, wer Spezialist in der theologischen Trinitäts- oder Gnadenlehre ist. Sondern im wahren Glauben steht, wer diesen Gottesbezug lauter lebt und im konkreten Alltag seines Lebens bewährt. Was religiöser Glauben seiner Vollform nach bedeutet, lässt sich daher auch erst von hierher beschreiben.

Konkret gelebter Gottesbezug

Zugleich hält hier alles Einzug, was man die persönliche Religiosität des Einzelnen nennt. Sie betrifft die ganz individuelle Weise, wie der Einzelne glaubt. Sie betrifft die ganz unübertragbare Weise, wie der Betreffende Gott als in seinem Leben wirksam wahrnimmt und erfährt. Sicher sind Glauben und Religiosität immer durch Erziehung vermittelt und auch geprägt. Aber die konkrete Weise, wie sich der Einzelne Gott zuwendet, wie er in Blick auf ihn sein Leben versteht, bleibt individuell persönlich. Sie trägt die individuellen Züge der betreffenden Person mitsamt ihrer individuellen Lebensgeschichte, und kann daher weder verallgemeinert noch übertragen werden.

„Mein Geheimnis mir allein", so zitiert Edith Stein (1891-1942) den Propheten Jeremia. Sie drückt damit genau diese einmalige und jeweils andere persönliche Beziehung aus, die den Glauben des Einzelnen ausmacht, die nur ihn betrifft, und aus der heraus er lebt und die Dinge seines Lebens versteht.

Noch etwas anderes wird von hierher verständlich. Glaube ist als konkret gelebte Gottesbeziehung nie eine abgeschlossene, fertige Größe. „Glaube ist jeden Morgen neu, denn er ist persönlich", schreibt der kanadische Religionswissenschaftler Wilfred Cantwell Smith.[6] Das klingt zunächst übertrieben. Denn der Glaube wird für den, der glaubt, gewöhnlich zur Haltung und prägt ganz selbstverständlich seine Sicht- und Handlungsweise. In dieser Hinsicht müssen und können wir gar nicht mit dem Glauben jeden Morgen neu beginnen. Wir können nicht jeden Morgen alles neu in Frage stellen, weil uns das schlichtweg überfordern würde.

Das meint Smith aber auch gar nicht. Er betont etwas anderes. Auch für den Glauben gilt, was für personale Beziehungen generell gilt, nämlich dass sie sich wandeln und jedenfalls nicht fixierbar sind auf bestimmte Formen. Ist der Glaube lebendig, gibt es in ihm auch alle Entwicklungen einer lebendigen Beziehung, ein Fortwachsen ebenso wie Rückschläge oder Enttäuschungen. Der Glaube ist damit so vielfältig wie das konkrete Leben selbst. Er bricht sich in die tausend Situationen des konkreten Alltags und bleibt in diesem Sinn unabgeschlossen. Denn der Einzelne ist darin stets neu gefordert, sein Leben im Glauben zu meistern.

Reifungsprozess

Kardinal Ratzinger spricht in diesem Zusammenhang von der täglichen „Geduld mit Gott, Gottes mit uns". Er meint damit, dass Glauben nicht den christlichen Tugendhelden fordert, sondern den so genannten kleinen Weg, d. h. das tägliche Fortgehen dieses Weges in der

„Geduld des täglichen Bleibens".[7] Im Glauben also soll der Mensch eine bestimmte Art Mensch werden, soll bestimmte Werte und Haltungen ausprägen. Oder theologisch gesprochen: Im Glauben soll der Mensch einen heilsrelevanten Reifungsprozess durchlaufen.

Der britische Religionsphilosoph John Hick (geb. 1922) weist mit Recht darauf hin, dass es die eigentliche Absicht jeder der großen Weltreligionen ist, diesen Reifungsprozess zu vermitteln. Hick umschreibt ihn als Transformation von der menschlichen Selbstzentriertheit zur Gotteszentriertheit.[8] Der Mensch soll nicht sich selbst in den Mittelpunkt stellen, sondern Gott.

Mit Blick auf Gott soll und kann er beispielsweise die Zuversicht fassen, dass das Tun des Guten, trotz aller scheinbaren Vergeblichkeit, nicht umsonst ist. Mit Blick auf Gott soll und kann er den Mut bewahren, selbst dort weiterzugehen, wo scheinbar kein Weg mehr führt. Mit Blick auf Gott soll und kann er seinem innersten Gewissensspruch folgen, auch wenn er seine Entscheidung niemand mehr klar machen kann. Mit Blick auf Gott soll und kann er seine Pflicht tun, selbst dort, wo ihm kein Dank entgegenkommt. Mit Blick auf Gott soll und kann er verzichten, selbst dort, wo nur mehr das schale Gefühl bleibt, sich selbst auszustreichen. Damit hat Glauben als konkret gelebter Gottesbezug immer ganz bestimmte Rückwirkungen auf den Glaubenden selbst. Indem sich der Mensch Gott anvertraut, vertraut er sich zugleich Gottes Führung an und gibt Raum für Gottes Willen und Wirken. Das will Hick mit seiner theologischen Formel klar machen.

Generell besagt sie etwas, das jeder aus dem zwischenmenschlichen Bereich kennt. Der Umgang mit guten oder schlechten Menschen hat immer Folgen für unsere eigene persönliche Entwicklung. In genau diesem Sinn versteht die Theologie auch den Glauben. Als personale Gottesbeziehung besagt Glauben den transformatorischen Entwicklungsprozess, in dem der Mensch schließlich zur Verwirklichung der radikal besseren Möglichkeit seiner Selbst gelangt.

In dieser Transformation besteht zugleich die Heilsrelevanz des Glaubens. Erforderlich dazu aber ist, wie Ratzinger betont, nicht der christliche Tugendheld, sondern die Geduld des täglichen Bleibens. Erforderlich dazu sind keine verstiegenen Extremleistungen, sondern erforderlich ist die redlich festgehaltene Treue im Glauben.

Glauben als Wagnis

Glaubensentscheidung

Eine dritte Seite gehört zum Glauben wesentlich dazu: Sein Wagnis- und Entscheidungscharakter. Eigentlich ist das eine Binseneinsicht. Denn für jede wirkliche Lebensentscheidung gilt, dass wir für sie keine zweifelsfreien Gewissheiten besitzen. Es wäre schlichtweg irreal, solche zu fordern. Immer müssen wir uns auf etwas verlassen. Immer müssen wir etwas riskieren, für das wir eben keine definitiven Sicherheiten haben. Das gilt im Kleinen wie im Großen.

Dieser existenzielle Wagnischarakter haftet unserem Leben grundsätzlich an. Wer wüsste es nicht? Wir vertrauen jemandem, wissen aber nicht, ob er uns nicht doch enttäuscht. Wir verfolgen Pläne, Ziele und Ideale, wissen aber nicht, ob sie sich wirklich einlösen lassen. Wir glauben an das Gute und handeln nach ethischen Grundsätzen, wissen aber nicht, ob der Einsatz wirklich lohnt.

Immer also ist von uns das Risiko verlangt, dass wir uns auf etwas einlassen und für etwas einsetzen, von dessen Richtigkeit wir zwar überzeugt sind, von dem wir aber nie mit Sicherheit wissen, ob wir uns nicht doch geirrt haben. Dass wir für unsere Entscheidungen keine absoluten Richtigkeitsgarantien haben, gehört daher, wie jeder aus Erfahrung weiß, zu unserer menschlichen Grundsituation. Mit ihr müssen wir auch zurechtkommen. Genau betrachtet aber verleiht erst sie unseren Lebensentscheidungen Ernst und Gewicht.

Erst recht gilt das für den Glauben. Auch für ihn gibt es keine Richtigkeitsgarantien. Gäbe es solche, müssten wir ja nicht mehr „glauben". Das bedeutet nun nicht, dass man blind glauben muss. Denn wer glaubt, hat gewöhnlich seine Gründe, sei es in Form persönlicher Erfahrungen oder in Form der lebenspraktischen Bewährung seines Glaubens. Nur eines ist ausgeschlossen: Man kann die Wahrheit des Glaubens nicht absolut sicher beweisen. In diesem Sinn ist und bleibt Glauben ein Wagnis.

Glaubensfreiheit

Dieser Sachverhalt ist nur die Kehrseite eines anderen Sachverhalts. Denn nur als Wagnis ist der Glaube frei. Wäre der Glaube so gewiss wie das „Zwei mal zwei ist vier", hätte der Mensch keine Freiheit zu glauben oder nicht zu glauben. Hätte Gott die Welt so geschaffen, dass man ihn vernünftigerweise gar nicht leugnen kann, hätte der Mensch auch keine Freiheit zu glauben oder nicht zu glauben. Eine solche hat er nur, wenn die Existenz Gottes nicht absolut gewiss ist.

Die moderne Theologie umschreibt diesen Sachverhalt als epistemische Distanz.[9] Mit epistemischer Distanz bezeichnet man die erkenntnismäßige Ungewissheit, in der Gott den Menschen bewusst belässt. Bewusst tritt Gott in Distanz zu seiner Schöpfung. Bewusst hat Gott die Wirklichkeit religiös doppeldeutig eingerichtet. Tatsächlich sprechen Gründe für seine Existenz, aber auch gegen sie. Tatsächlich gibt es Ereignisse, die eindeutig auf Gott verweisen, aber auch andere, die nahe legen, dass es ihn doch nicht gibt.

In diese Situation der Ungewissheit hat Gott den Menschen bewusst gestellt, und zwar nicht, weil er mit dem Menschen ein übles Versteckspiel treibt, sondern um dem Menschen die Freiheit im Glauben zu ermöglichen.

22

Glaubensmut

Worin besteht nun aber der Sinn der menschlichen Glaubensfreiheit? Könnten wir auf sie nicht gut und gern verzichten? So nahe liegend diese Fragen sind: Sie verkennen den entscheidenden Zusammenhang. Denn nur wenn der Glaube frei ist, kann er zu einer wirklich ernsthaften Lebensentscheidung werden. Nur angesichts berechtigter Zweifel kann der Glaube zu einer persönlich gereiften Haltung werden, die sich gerade auch gegenüber den konkreten Anfechtungen des Lebens bewährt. Vor allem der evangelische Theologe Paul Tillich (1886-1965) hat diesen Gedanken herausgearbeitet. „Der Zweifel wird nicht durch Unterdrückung, sondern durch Mut überwunden. Der Mut verleugnet nicht, dass der Zweifel da ist; aber er bejaht den Zweifel als Ausdruck der menschlichen Endlichkeit und bekennt sich trotzdem zu dem, was unbedingt angeht. Der Mut bedarf nicht der Sicherheit einer fraglosen Überzeugung. Er schließt das Wagnis ein, ohne das kein schöpferisches Leben sein kann."[10]

Zum lebendigen Glauben gehört der Zweifel sogar wesentlich dazu. Zumindest kann nur unter diesen Bedingungen das reifen, was man den Mut, die Treue oder auch ganz einfach die ausgehaltene Tapferkeit des Glaubens nennt. Der religiöse Volksmund drückt das zutreffend aus. Dort heißt es im Gebet: „Ich glaube und lebe und sterbe darauf ..." Damit ist genau die Situation eingefangen, die für den Glauben charakteristisch ist, nämlich das treue Festhalten im Glauben trotz der vielfachen Ungewissheiten des Lebens.

Luther prägte dafür sein Wort vom Glauben als fester Zuversicht des Herzens. Aber nur wo die Dinge nicht eindeutig auf Gott verweisen, kann es eine solche Zuversicht und Hoffnung überhaupt geben. Nur wo Zweifel real möglich und berechtigt sind, kann es das mutige Festhalten am Glauben geben. Und nur wo der Glaube einen Einsatz fordert, der nicht sofort in Vorteil umschlägt, kann das hervortreten, was man den reifen

Ernst der eigenen persönlichen Glaubensentscheidung und Gottesbeziehung nennt.

Theologie

Theologie ist die Wissenschaft vom Glauben. Als solche kommt ihr die Rolle zu, den Glauben mit wissenschaftlichen Mitteln zu entfalten und zu begründen. Daher kann man definieren: Die Aufgabe der Theologie besteht in der vernünftigen Verantwortung des Glaubens.

Zu diesem Zweck entwickelte die Theologie im Lauf ihrer Geschichte einen umfassenden Fächerkanon, angefangen von der biblischen Exegese des Alten und Neuen Testaments, der Kirchengeschichte des Altertums, des Mittelalters und der Neuzeit über die Philosophie, Fundamentaltheologie, Dogmatik und Moraltheologie bis hin zur Liturgiewissenschaft, Pastoraltheologie, Religionspädagogik und zum Kirchenrecht. Diese Fächer teilt man heute ein in den Bereich exegetischer, historischer, systematischer und praktischer Theologie.

Theologie als Wissenschaft

Geburtsstunde der Theologie

Die Theologie gab es nicht schon immer. Beispielsweise kannte man zur Zeit Jesu noch keine theologische Wissenschaft im eigentlichen Sinn. Das gilt selbst noch für die Zeit der Niederschrift der Evangelien im ersten nachchristlichen Jahrhundert. Die alt- und neutestamentlichen Schriften insgesamt stellen keine theologisch-wissenschaftlichen Werke dar. Das wollen sie auch gar nicht. Denn ihr Ziel besteht in etwas anderem. Sie wollen den Glauben verkünden. Sie sind werbendes Zeugnis für den Glauben und keine wissenschaftlichen Abhandlungen. Ihre Sprache ist auch keine Wissenschafts-, sondern eine Verkündigungssprache.

Die wissenschaftliche Theologie entstand erst viel später. Für ihr Entstehen gibt es zugleich einen ganz konkreten Anlass. Seit dem Toleranzedikt von Mailand im

Jahr 313 war das Christentum auf dem Weg, Staatsreligion des römischen Weltreichs zu werden. Die Zeit der Christenverfolgung war damit beendet. Christentum und Kirche traten aus ihrem bisherigen Schattendasein heraus. Zugleich stellte man jetzt ganz andere Anforderungen an den christlichen Glauben der Kirche. Er musste sich mit der hoch gebildeten antiken heidnischen Philosophie auseinander setzen. Denn man erwartete von der Kirche, dass sie ihre christlichen Glaubensüberzeugungen auf demselben hohen Denkniveau darlegen konnte, auf dem die heidnische Philosophie bisher ihr Weltbild reflektiert hat.

Diese Entwicklung bezeichnet man als Hellenisierung des Christentums. Darunter versteht man den Prozess, durch den das junge Christentum in die bewusste Auseinandersetzung mit der heidnischen Religion und Philosophie eintrat. In diesem Prozess nahmen die ersten christlichen Theologen alle geeigneten Begriffe der antiken Philosophie und Metaphysik in ihr Denken auf, um mit ihrer Hilfe die zentralen Inhalte des Glaubens rational zu durchdringen, verstehbar und einsichtig zu machen.

Während dieser Zeit kam es auch erstmals zur Ausprägung eigentlicher theologisch-systematischer Beiträge etwa im Nachdenken über spezifisch christliche Glaubensinhalte wie die Bedeutung von Tod und Auferstehung Jesu, der Eucharistie, der Sakramente und dergleichen. Zugleich war das die Geburtsstunde der wissenschaftlich-rationalen Theologie. Der christliche Glaube wurde zum Gegenstand rationaler Wissenschaft gemacht. Und man begann, nach und nach das wissenschaftlich-systematische Lehrgebäude des Glaubens und seiner Inhalte zu entwickeln.

Niederschlag fand diese Arbeit in zahlreichen Werken der ersten großen Theologen wie Ambrosius, Hieronymus, Augustinus, Papst Gregor, Athanasius, Basilius, Gregor von Nazianz und Johannes Chrysostomus. Aus diesem Grund bezeichnet man diese Theologen auch als Kirchenlehrer. Im ersten wissenschaftlichen Ringen um die Wahrheit des Glaubens gaben sie der Theologie die Richtung vor.

Niederschlag fand diese Arbeit auch in der kirchlichen Dogmenbildung. Beispielsweise ist das Trinitätsdogma des Konzils von Nizäa (325) ebenso als Ergebnis der aufstrebenden theologischen Wissenschaft anzusehen wie das christologische Dogma des Konzils von Chalkedon (451). Auf beiden bis heute wichtigen Konzilien wollte man sich im damals aufgebrochenen Streit der theologischen Lehrmeinungen Klarheit darüber verschaffen, worin die Wahrheit christlichen Glaubens eigentlich besteht. Diese Wahrheit des Glaubens und der Heiligen Schrift suchte man mit der Methode rationaler Wissenschaft zu ergründen und zu verteidigen, und zwar gerade auch unter Berücksichtigung berechtigter Einwände und Argumente. Diese Zielsetzung entspricht bis heute der Aufgabe wissenschaftlicher Theologie.

Anforderungen moderner Theologie

Allerdings sind heute an die Theologie inhaltlich ganz andere Anforderungen gestellt als zur Zeit ihrer Entstehung. Denn uns moderne Menschen prägt ein völlig anderes Lebensgefühl. Der antike und mittelalterliche Mensch wusste sich eingebunden und geborgen im Gedanken an die göttliche Weltordnung. Ganz selbstverständlich ging man davon aus, dass die Welt von Gott geschaffen ist. Ganz selbstverständlich war man überzeugt, dass Gott die Welt lenkt. Ganz selbstverständlich sah man überall die Hand Gottes am Werk. Alles geschah nach Gottes ewigem Plan. Dieser Plan wies auch allem seinen Sinn und seine Rolle im Weltganzen zu. So schien alles durch Gott von Ewigkeit her geregelt, der Weltlauf ebenso wie die Geschichte des Menschen.

Dieser Glaube war in keiner Weise strittig. Er bildete den unerschütterlichen Boden, auf den sich der antike und mittelalterliche Mensch mit seinem Denken und Fühlen stellen konnte. Für uns moderne Menschen ist genau dieses Bewusstsein der unmittelbaren Gottesgewissheit und der unmittelbaren Geborgenheit in der göttlichen Welt- und Daseinsordnung weggebrochen.

Dominant wurde eine ganz andere Erfahrung, nämlich die Erfahrung, dass die Welt, in der wir leben, durchaus mehrdeutig ist. Man kann die Welt religiös deuten. Man kann sie aber auch ohne Gott verstehen. Das gilt für das uns umgebende Universum ebenso wie für den faktischen Gang der Geschichte mit ihren Fortschritten, aber auch Katastrophen. Ein ewiger Sinn lässt sich aus all dem jedenfalls nicht mehr ohne weiteres herauslesen. Sondern die Fragen nach Sinn und Zukunft des Universums lassen, wie es scheint, ganz unterschiedliche Antworten zu.

Das ist die neue Erfahrung des modernen Menschen. Sie brachte die großen Erschütterungen der Moderne mit sich. Ihren unmittelbaren Niederschlag finden diese in der kaum mehr zu übersehenden Sinn- und Orientierungskrise unserer Gegenwartswelt, auch in deren tiefer Glücklosigkeit.[11] Damit verbunden ist eine existenzielle Fragenot, wie sie dem antik-mittelalterlichen Menschen letztlich fremd war, wie sie für uns moderne Menschen aber charakteristisch ist.

Für Theologie und Glauben hat das schwer wiegende Folgen. Die bisherige Selbstverständlichkeit des Glaubens ist zerstört. Die bisher unbefragte Gewissheit, dass es Gott gibt, dass der Glaube wahr ist, dass die Kirche die Hüterin dieser Wahrheit ist, – diese religiöse Gewissheit ist heute weit gehend zerstört. Jedenfalls ist sie zutiefst fragwürdig geworden. Denn weder Gott selbst noch sein Handeln in der Welt scheinen ohne weiteres erkennbar zu sein. Eher ist das Gegenteil der Fall. Man entdeckte nach und nach Einwände und Argumente, die eher gegen den Glauben sprechen als für ihn.

An erster Stelle ist hier die Kritik der traditionellen Gottesbeweise zu nennen. Bereits der englische Aufklärungsphilosoph David Hume (1711-1776) und der deutsche Philosoph Immanuel Kant (1724-1804) zeigten auf, inwiefern die Gottesbeweise allesamt versagen. Entsprechend scheinen auch andere Weltdeutungen möglich und sogar vernünftig. Im Gefolge dieser Kritik formulierte man auch erstmals den Atheismus als umfassende Weltanschauung und begründete ihn mit philosophisch-rationalen Mitteln. Das religiöse Weltbild war damit empfindlich getroffen.

Hinzu kam das Problem von Leid und Übel in der Welt. Man formulierte es als direktes Gegenargument gegen den Glauben. Ist eine Welt voller Leid überhaupt vereinbar mit dem Glauben an einen guten Gott? Muss man nicht, wenn man ehrlich in die Welt schaut, diesen Glauben aufgeben? Und ist es nicht ein Gebot der Vernunft und intellektuellen Redlichkeit, das wahrzuhaben und die entsprechenden Konsequenzen daraus zu ziehen? So argumentierte man mit zunehmender Schärfe.

Schließlich schien die aufstrebende Naturwissenschaft mit ihren immer faszinierenderen Entdeckungen und Erklärungserfolgen dem Glauben den Todesstoß zu versetzen. Denn kann die Naturwissenschaft das Universum nicht längst genauso gut ohne Gott erklären? Und gelangt sie überdies nicht zu Ergebnissen, die dem Glauben schnurstracks widersprechen? Die beiden bekanntesten Beispiele hierfür bilden Galilei und Darwin. Galilei erwies das biblische Weltbild als falsch. Nicht die Sonne kreist um die Erde, sondern umgekehrt. Darwins Evolutionstheorie hingegen wirkte noch zerstörerischer. Danach hat Gott gar kein Paradies geschaffen, wie die Genesis berichtet. Sondern das Universum und alles Leben in ihm verdankt sich der Evolution. Mit ihrem Gesetz des Fressens und Gefressenwerdens scheint sie eher dem blinden Zufall zu gehorchen als einem göttlichen Plan.

Kritische Theologie

Zusammengenommen war diese Kritik am Glauben und seinem Wirklichkeitsverständnis vernichtend. Die Theologie konnte auf sie zunächst auch nur wenig erwidern. Sie war diesen Anfragen gegenüber ganz einfach überfordert und reagierte zuerst mit Ablehnung. Mehr noch: Kirche und Theologie verachteten diese Kritik und vor allem die polemische Schärfe, mit der sie oftmals vorgetragen wurde, als Ausdruck menschlichen Unglaubens und menschlichen Hochmuts Gott gegenüber.

Nach und nach aber anerkannte die Theologie den berechtigten Kern dieser modernen Anfragen an den Glauben und das religiöse Weltbild. Die Kirche sah ein, dass man nicht länger einfach behaupten konnte: „Das steht so in der Bibel, und deshalb ist es wahr und alles andere falsch". Sondern man fragte gerade auch seitens Theologie und Kirche kritisch zurück, wie sich der Glaube an Gott angesichts dieser berechtigten Nachfragen eigentlich noch rational verantworten lässt.

Erst recht akzeptiert die Theologie der Gegenwart nur mehr das, was den Nachfragen kritisch prüfender Vernunft auch wirklich standhält. Leitend für die moderne Theologie ist die Einsicht, dass es nur so für Theologie und Glauben einen echten Erkenntnisfortschritt geben kann. Leitend ist ebenso die Einsicht, dass der Glaube die wissenschaftliche Wahrheit nicht zu fürchten braucht. Leitend aber ist vor allem die Einsicht, dass nur ein Glaube, der diese berechtigten Anfragen aus Wissenschaft, Gesellschaft und Politik positiv aufnimmt und beantwortet, eine wirklich tragfähige und ernst zu nehmende Option der gesellschaftlichen sowie ganz persönlichen Lebensgestaltung darstellt.

Grundsätzlich muss die Theologie daher zu Korrekturen bereit sein. Sie ist das auch, und zwar wiederum aus der Einsicht heraus, dass nur ein wandlungsfähiger Glaube lebendig ist, und dass auch nur eine Theologie, die sich den spezifischen Gegenwartsproblemen stellt, dem Menschen von heute etwas zu sagen hat.

Beispielsweise verfügen wir heute über ein völlig anderes Wissen der astrophysikalischen Entstehung des Universums, seiner Expansion und physikalischen Zukunft. Wir verfügen über ein völlig anderes Wissen der Evolution des Menschen, seiner Biologie, seiner Psychologie und seines geschichtlichen Sozial- und Kulturverhaltens.

Daher können wir heute ganz einfach nicht mehr alles glauben, was der mittelalterliche Mensch geglaubt hat. Vielmehr muss die Theologie zeigen, wie sich dieses aktuelle naturwissenschaftliche und religiöse Wirklichkeitswissen sinnvoll miteinander verbinden lässt.

Kein Geringerer als Papst Johannes Paul II. ruft ausdrücklich zu einer solchen kritischen und lebendigen Theologie auf. Denn nur sie bewegt sich auf der Höhe der Zeit. Nur sie hat dem Menschen von heute wirklich etwas zu sagen. Wörtlich fordert der Papst: „Es ist eine Pflicht der Theologen, sich regelmäßig über die wissenschaftlichen Ergebnisse zu informieren, um eventuell zu prüfen, ob sie diese in ihrer Reflexion berücksichtigen oder ihre Lehre anders formulieren müssen."[12]

Theologie und Wissenschaftstheorie

Der neue Ausgangspunkt

Papst Johannes Paul II. hat damit eine klare Option getroffen. Theologie, verstanden als Wissenschaft vom Glauben, kann man heute nur mehr im Wissensaustausch mit den Nachbarwissenschaften und auf Basis derjenigen wissenschafts- und erkenntnistheoretischen Standards betreiben, wie sie auch für alle anderen Wissenschaften gelten. Es gibt keine separaten Glaubensinhalte, die mit der übrigen Wirklichkeit nichts zu tun hätten. Es gibt keine separate Glaubensvernunft, die mit der übrigen wissenschaftlichen Vernunft nichts zu tun hätte. Sondern es gibt nur die eine wissenschaftliche Vernunft und Logik der rationalen Theoriebildung, die für alle Wissenschaften gleichermaßen gilt und die für alle gleichermaßen eine objektive Überprüfung behaupteter Wahrheitsansprüche möglich macht.

Was ihre Begründung als Glaubenswissenschaft betrifft, hat Theologie daher unmittelbar mit der modernen Wissenschaftstheorie zu tun. Die Wissenschaftstheorie bildet die Grundlage für alle Wissenschaften. Sie legt fest, was Wissenschaft eigentlich zur Wissenschaft macht. Sie bestimmt, wie Wissenschaft vorzugehen hat und wie sich wissenschaftliche Behauptungen über die Wirklichkeit auf ihre Wahrheit hin nachprüfen lassen. Die Wissenschaftstheorie tut das völlig unabhängig davon, ob es sich nun um naturwissenschaftliche Theorien handelt oder um theologische Glaubensüberzeugungen.

Dabei glaubte man lange Zeit, dass sich wissenschaftliches Wissen vom Alltagswissen genau darin unterscheidet, dass wir im Alltag lediglich Vermutungen anstellen können, die Wissenschaft hingegen ihre Behauptungen definitiv beweisen kann. So definierte Aristoteles wissenschaftliches Wissen als absolut sicheres Beweiswissen. In seiner Zweiten Analytik, der ersten Wissenschaftstheorie des Abendlandes, schreibt Aristoteles: „Wir glauben aber etwas zu wissen, wenn wir ... die Einsicht uns zuschreiben, dass es sich unmöglich anders verhalten kann."[13] Genau in diesem Grad der Sicherheit, so Aristoteles, unterscheidet sich der Alltagsverstand von der wissenschaftlichen Vernunft. Im Alltag vermuten und behaupten wir vieles. Die Wissenschaft hingegen kann beweisen, dass ihre Ergebnisse wirklich wahr sind.

Jahrhundertelang akzeptierte man diese aristotelische Lehre von Wissenschaft, wissenschaftlichem Wissen und Beweis als richtig. Auch die Theologie übernahm sie. Auch sie glaubte, man könne ausgehend von der Heiligen Schrift zu absolut sicherem Beweiswissen über Gott und den Glauben gelangen.

Die moderne Wissenschafts- und Erkenntnistheorie kommt freilich zu einem völlig anderen Ergebnis. Danach sind alle wissenschaftlichen Behauptungen, Erklärungen und Theorien samt und sonders als vorläufige Hypothesen anzusehen. Man kann nicht absolut sicher beweisen, dass sie wahr sind. Man kann in der Wissenschaft nur nach Wahrheit suchen. Darin besteht die Aufgabe der Wissenschaft. Aber es erscheint vermessen anzunehmen, man sei in sicherem Besitz der Wahrheit.

Erkenntnis

Der Wissenschaftstheoretiker und Philosoph Karl Popper (1902-1994) fasst diese Einsicht so zusammen: „Erkenntnis ist Wahrheitssuche. ... Sie ist nicht die Suche nach Gewissheit. Irren ist menschlich: Alle menschliche Erkenntnis ist fehlbar und ungewiss. Daraus folgt, ... dass wir immer wieder gegen den Irrtum ankämpfen müssen, aber auch bei größter Sorgfalt nie ganz sicher sein können, dass wir nicht doch einen Fehler gemacht haben."[14]

Fehlbarkeit menschlicher Vernunft

Dieses Ergebnis mag zunächst ernüchternd klingen. Es ist heute aber längst zum Gemeingut moderner Wissenschafts- und Erkenntnistheorie geworden.
Zugleich kann jeder dieses Ergebnis durch eigene Erfahrung bestätigen. Denn es gehört nun einmal zu unserer menschlichen Situation, dass wir keine allwissenden Wesen sind. Im Gegenteil. Selbst dort, wo wir nach bestem Wissen und Gewissen urteilen und entscheiden, sind wir vor Irrtum nicht gefeit. Nie überblicken wir das Ganze in seiner Komplexität. Nie verfügen wir über vollständige Information. Immer müssen wir mit neuen Erfahrungen rechnen. Immer müssen wir darauf gefasst sein, dass etwas eine Wendung nimmt und sich von einer Seite zeigt, die zuvor einfach nicht absehbar war.
Daher können wir uns in unserem Urteil auch immer nur auf die relativ beschränkte Basis unseres augenblicklichen Wissens und unserer bisherigen Erfahrungen stützen. Mehr kann vernünftigerweise nicht verlangt und auch nicht erwartet werden. Anderseits können wir auf dieser Basis durchaus verantwortlich entscheiden. Wir tun das genau dann, wenn wir nichts Wichtiges außer Acht lassen und auch augenscheinliche Bedenken nicht leichtfertig übergehen oder gleich gar nicht wahrhaben wollen. Ausgeschlossen ist nur, dass wir absolut sicher sein können. Wir können nie behaupten, unsere Meinung, unsere Sicht der Dinge sei absolut wahr.

Gewiss berufen wir uns immer auf das, was uns augenblicklich einsichtig und evident erscheint. Denn worauf sonst sollten wir uns verlassen, wenn nicht auf das, was uns und auch anderen einleuchtet? Wem nichts evident ist, der weiß auch nicht mehr, was er tun, denken und empfinden soll. Denn er hat schlichtweg nichts mehr, worauf er sich stützen könnte. Verkehrt ist nur der Umkehrschluss, dass alles, was uns evident erscheint, deshalb auch schon absolut wahr ist. Zumindest kennt jeder die Erfahrung, dass uns etwas völlig evident ist, sich später aber herausstellt, dass wir uns getäuscht haben. Wir sind in diesem Fall einer Scheinevidenz aufgesessen.

Beides also, die Tatsache, dass unser Wissens- und Erfahrungsstand immer begrenzt ist, und die Tatsache, dass wir uns selbst dort täuschen können, wo uns etwas völlig evident erscheint, gehört zu unserer conditio humana, d. h. zu der Grundsituation, in die wir Menschen gestellt sind. Wir sind endlich begrenzte Wesen. Das gilt auch für unsere Vernunft und für unsere wissenschaftliche Erkenntnis.

Realistisch betrachtet müssen wir daher immer mit Irrtum rechnen. Wir können zwar aus Erfahrung lernen. Wir können uns aber nie in absolutem Besitz der Wahrheit wähnen. Wer sich das einbildet, den straft das Leben Lügen.

Status wissenschaftlicher und theologischer Aussagen

Daraus folgt nun nicht das andere Extrem, dass wir zu überhaupt keinem gesicherten Wissen gelangen könnten. Das trifft weder für den Alltag noch für die Wissenschaft zu. Schon im Alltag verfügen wir über ein lebenspraktisch gut bewährtes Erfahrungswissen, beispielsweise was den Umgang mit unserer Umwelt oder mit unseren Mitmenschen angeht. Erst recht trifft das für den wissenschaftlichen Bereich zu. Hier gibt es sogar einen erkennbaren Fortschritt wissenschaftlicher Erkenntnis. Am deutlichsten belegt das die Medizin. Vieles erscheint heute therapierbar, woran Menschen früherer Zeiten unweigerlich gestorben sind. Möglich wurde das allein durch den immensen medizinischen Erkenntniszuwachs. Die Annahme moderner Wissenschaftstheorie, dass alle menschliche Erkenntnis hypothetisch vorläufig ist, stellt daher nicht den Anspruch objektiven Wissens in Frage. Es gibt für uns Menschen echtes Wissen und auch echten Wissensfortschritt. Demgegenüber klärt die moderne Wissenschaftstheorie etwas anderes, nämlich den erkenntnismäßigen Status wissenschaftlichen Wissens. Dieser Status besteht darin, dass selbst augenblicklich gut begründete und bewährte wissenschaftliche Erkenntnisse immer nur als hypothetisch vorläufiges Wissen anzusehen sind.

In Hinblick auf naturwissenschaftliche Erklärungen leuchtet das unmittelbar ein. Beispielsweise formuliert man das naturwissenschaftliche Gesetz: „Materie dehnt sich bei Erhitzung aus." Wir wissen aber nicht absolut sicher, ob dieses Gesetz wirklich ausnahmslos zutrifft. Denn dazu müssten wir das ganze Universum erhitzen und nachsehen, ob sich Materie auch wirklich an jeder Stelle des Universums ausdehnt. Und selbst wenn wir das tun könnten, wüssten wir immer noch nicht mit absoluter Sicherheit, ob das auch in alle Zukunft so sein wird.

Der hypothetische Charakter naturwissenschaftlicher Gesetze und Theorien leuchtet daher unmittelbar ein. Er trifft für die Urknalltheorie ebenso zu wie für Einsteins Relativitätstheorie. Alle diese naturwissenschaftlichen Theorien stellen hypothetische Wirklichkeitserklärungen dar, die sich später vielleicht einmal als falsch erweisen oder zumindest als korrekturbedürftig.

Dieser hypothetische Charakter gilt aber genauso für alle theologisch-wissenschaftlichen Glaubensaussagen. Unser Empfinden mag sich dagegen wehren. Tatsache aber ist, dass im Glauben immer dieses Moment der Hypothese und des subjektiven Entwurfs steckt.

Der Theologe Wolfhart Pannenberg (geb. 1928) bringt das auf den Punkt, wenn er feststellt: „Es gehört zur Endlichkeit theologischen Erkennens, dass der Gottesgedanke auch in der Theologie hypothetisch bleibt." Daher kann, so Pannenberg weiter, „die theologische Überprüfung und Neuformulierung überkommener religiöser Aussagen nicht zu theoretischer Gewissheit gelangen".[15] Denn auch in der Theologie verfügen wir immer nur über eine endlich begrenzte Erfahrungs- und Argumentationsbasis. Ein absolut sicheres Glaubenswissen kann auch aus der wissenschaftlichen Theologie nicht gewonnen werden.

Man kann dieses scheinbare Defizit theologisch-wissenschaftlicher Glaubensaussagen auch positiv lesen als menschliche Selbstbescheidung und Demut vor dem Geheimnis, das der unendliche Gott für das endlich begrenzte Denken des Menschen immer bleiben wird. Das wäre nur noch einmal ein Beleg für die Richtigkeit der generellen wissenschaftstheoretischen Behauptung, dass auch theologischen Aussagen lediglich hypothetischer Status zukommen kann.

Auf wissenschaftlich-rationaler Ebene unterscheiden sich daher theologische Glaubensaussagen nicht von naturwissenschaftlichen Theorien. Sie sind samt und sonders als Hypothesen anzusehen und stellen damit lediglich wahrscheinlich wahres Wissen dar. Wie im Bereich der Naturwissenschaft ist auch im Bereich von Theologie und Glauben absolut sicheres Wissen ausgeschlossen.

Theologie und Glauben

Warum soll Glauben vernünftig sein?

Bisher wurde stillschweigend von einer Voraussetzung ausgegangen, nämlich von der Voraussetzung, dass Glauben vernünftig sein soll. Aber warum eigentlich? Kann man nicht mit demselben Recht einen irrationalen Glauben vertreten oder einen rein subjektiven Glauben?

Warum sollte man immer fragen müssen, inwiefern es vernünftig ist zu glauben. Warum sollte man immer nachweisen müssen, dass sich der Glaube wissenschaftlich-rational begründen und verantworten lässt? Reicht es nicht zu sagen: Ich glaube, weil mir der Glaube hilft, mit dem Leben zurecht zu kommen. Ich glaube, weil mir der Glaube Trost, Halt und Geborgenheit gibt. Ich glaube, weil mir der Glaube dazu verhilft, ein sinnvolles Leben zu führen. Ich glaube, weil ich dann immer etwas habe, worauf ich hoffen kann, selbst wenn alles Übrige scheitert. Warum reichen solche rein lebenspraktischen und subjektiven Gründe nicht aus?

Und weiter: Kann Glaube überhaupt mit logisch-rationalen Mitteln erfasst werden? Wird man dem Glauben damit überhaupt gerecht? Oder verfehlt man nicht gerade seinen Kern? Denn im Glauben handelt es sich doch um Vertrauen und nicht um rationale Überlegungen. Im Glauben handelt es sich um subjektive Lebenseinstellungen, um persönliche Erfahrungen. Und hier ist doch etwas ganz anderes gefordert als das logisch-intellektuelle Urteilsvermögen. Glauben ist nicht Ergebnis eines logischen Kalküls. Man kann die Wahrheit des Glaubens nicht ausrechnen wie eine mathematische Gleichung. Sondern Glauben fordert eine persönliche Entscheidung. Glauben fordert den ganzen Menschen mit seinem Fühlen und Hoffen, in seiner Individualität und ganz persönlichen Gottesbeziehung. Das alles aber kann man gar nicht verobjektivieren und vor den Prüfstand der wissenschaftlichen Vernunft bringen, ohne dass man dem Glauben Gewalt antut. Sondern hier kann jeder nur für sich selber sprechen und entscheiden. Und er hat auch das Recht dazu!

Oft genug bekommt man solche Argumente zu hören als Antwort auf die Vernünftigkeitsforderung des Glaubens. Sie sprechen auch viel Richtiges an. Auf das Ganze besehen, aber sind sie falsch. Um das zu erkennen, muss man sich nur die Konsequenzen vor Augen führen, die ein Glaube ohne Vernunft zwangsläufig mit sich bringt.

Beispielsweise kann man auch mit Illusionen und Märchen gut leben. Und ein Glaube ohne die Kontrolle der Vernunft wird willkürlich. Jedenfalls ist er von einem reinen Aberglauben schließlich nicht mehr zu unterscheiden. Hinzu kommt, dass niemand ernsthaft und auf Dauer am Glauben festhalten wird, außer in der Überzeugung, dass es zumindest für die zentralen Glaubensaussagen objektive, d. h wissenschaftlich rationale Richtigkeitsnachweise gibt.

Daher ist auch nur ein objektiv-rationaler Glauben wirklich tragfähig in Lebensschwierigkeiten. Und die eigene, ganz persönliche und gar nicht ohne weiteres auf andere übertragbare religiöse Lebenseinstellung kann man auch nur dann wirklich verantworten, wenn es zumindest nicht unvernünftig erscheint zu glauben, dass es Gott gibt. Alles in allem kann man daher an der Forderung, dass Glauben vernünftig sein soll, keine Abstriche machen.

Glauben und Gewissheit

Anderseits hat Glauben mit Gewissheit zu tun. Glauben ist Ausdruck persönlichen Überzeugtseins. Glauben besteht, wie Luther sagt, in der unbeirrbaren Zuversicht und Gewissheit des Herzens. Man kann nicht provisorisch glauben, und schon gar nicht hypothetisch!

Tritt Glauben damit nicht unweigerlich in Spannung zu seiner Vernünftigkeitsforderung? Denn als vernünftige Menschen sollen wir unseren Glauben in der Haltung neutraler Objektivität prüfen. Als vernünftige Menschen müssen wir uns damit begnügen, dass der Gottesglaube immer nur eine mehr oder weniger gut bewährte Hypothese darstellt. Als gläubige Menschen hingegen sollen wir mit unbedingter Gewissheit am Glauben festhalten. Wir sollen Gott in allen Lebenslagen vertrauen. Wir sollen mit unbedingter Loyalität zur Kirche stehen. Die Frage ist nur: Wie geht man um mit diesem offensichtlichen Bruch zwischen der persönlichen Gewissheit im

38

Glauben und der rationalen Vorläufigkeit des Glaubens? Diese Frage kann innerhalb der modernen Theologie relativ einfach beantwortet werden. Dazu muss man nur näher bestimmen, welche Form von Gewissheit gemeint ist. Gewissheit kann nämlich in objektivem und subjektivem Sinn verstanden werden.

Objektive Gewissheit besagt, dass wir in diesem Fall absolut sicher sein können. Objektive Gewissheit setzt daher zweifelsfreies Wissen voraus. Denn absolut gewiss können wir nur dort sein, wo wir etwas absolut sicher wissen. Gerade das ist aber nicht möglich, wie die moderne Wissenschaftstheorie und auch die eigene Erfahrung lehrt.

Damit aber erweist sich die Vorstellung, es gäbe objektive und zweifelsfreie Gewissheiten, als Illusion. Das trifft in der Wissenschaft ebenso zu wie im Glauben. Jedenfalls verkennt, wer sie fordert, die reale menschliche Erkenntnissituation. Es gibt kein zweifelsfreies Wissen und entsprechend auch keine zweifelsfreien Gewissheiten. Das anzuerkennen ist ein Stück menschlicher Bescheidenheit und jedenfalls die Forderung jeder realistischen Erkenntnislehre. Erst recht gilt das im Glauben. Gerade auch im Glauben gibt es keine absoluten Wahrheits- und Richtigkeitsgarantien. Eher ist das Gegenteil der Fall. Denn Glauben ist und bleibt ein Wagnis.

Zugleich lässt sich an dieser Stelle zeigen, wie nahtlos sich moderne Wissenschaftstheorie und theologischer Glaubensbegriff ineinander fügen. Das zentrale Ergebnis moderner Wissenschaftstheorie besagt, dass die menschliche Vernunft prinzipiell fehlbar ist und daher objektive Gewissheit ausgeschlossen bleibt. Umgekehrt ist seitens der Theologie für den Glauben gar nichts anderes zu erwarten. Denn jede Form objektiver Glaubensgewissheit würde den Wagnischarakter des Glaubens zwangsläufig zerstören.

Denn wäre Glauben so gewiss wie das Zwei-mal-zwei-ist-Vier, müssten wir nicht mehr glauben. Glauben wäre dann bereits in Schauen übergegangen. Damit Glauben also zu einer wirklichen Lebensentscheidung werden kann, darf seine Wahrheit gar nicht absolut sicher beweisbar sein. Zudem gewinnt Glauben seinen Ernst erst dadurch, dass es wirklich berechtigte Zweifel gibt, in denen er sich bewähren muss.

Sinnvoll erscheint daher allein die Rede von der subjektiven Gewissheit des Glaubens. Subjektive Glaubensgewissheit besagt den viel vorsichtigeren Anspruch, dass, wer glaubt, zwar um die berechtigten Zweifelsmöglichkeiten weiß, aber trotzdem Gott unbedingt vertraut und auch bei gegenläufigen Erfahrungen am Glauben festhält. Subjektive Gewissheit im Glauben besagt daher das eigene persönliche Überzeugtsein von der Wahrheit des Glaubens, auch wenn es dafür keine absoluten Richtigkeitsgarantien gibt.

Luthers Wort von der unbeirrbaren Zuversicht und Gewissheit des Herzens fängt genau das ein. Diese Herzensgewissheit besagt keine Zweifelsfreiheit, sondern eher eine Hoffnung. Und wenn die moderne Theologie von der hypothetischen Vorläufigkeit des Glaubens spricht, bestätigt sie genau diesen Sachverhalt.

Wer glaubt, weiß, dass es keine eindeutigen Sicherheiten gibt, aber Argumente, die den eigenen Glauben als durchaus vernünftige Sicht von Wirklichkeit und Leben aufweisen. Und darin besteht, so Pannenberg, auch „das gläubige Vertrauen, das sich inmitten einer fragmentarischen Welt und eines unvollendeten Lebensweges im Wissen um die Gefährdung beider auf die Zukunft Gottes richtet, von der her beiden Ganzheit, Vollendung und Rettung zuteil werden kann".[16]

Das wesentliche Ziel der Arbeit der modernen Gegenwartstheologie aber ist es, solche Argumente zu benennen und zu diskutieren, und zwar im redlichen Wissensaustausch und Dialog mit den übrigen Wissenschaften.

Gottesbeweise

In der Frage nach der Wahrheit des Glaubens spielen die Gottesbeweise nach wie vor eine wichtige Rolle. Dabei ging die traditionelle Theologie ganz selbstverständlich davon aus, dass man mit Hilfe der Gottesbeweise die Existenz Gottes absolut sicher beweisen kann. So schreibt das I. Vatikanische Konzil (1870): „Die heilige Mutter Kirche hält fest und lehrt, dass Gott, der Ursprung und das Ziel aller Dinge, mit dem natürlichen Licht der menschlichen Vernunft aus den geschaffenen Dingen gewiss erkannt werden kann."[17] Die Konzilstheologie von damals war also überzeugt, man könne aus den Werken der Natur mit absoluter Sicherheit erkennen, dass Gott ihr Schöpfer, Lenker und Erhalter ist.

Wie weit aber reicht die Beweiskraft der Gottesbeweise wirklich? Ihre moderne Durchsicht und Kritik führt zu einem klaren Ergebnis. Danach leisten die Gottesbeweise eines nicht: Sie können die Existenz Gottes nicht mit absoluter Gewissheit beweisen. Sind sie somit für den Glauben überflüssig? Gewiss nicht. Denn auch wenn sie keine absolut sicheren Glaubensbeweise darstellen, zeigen sie, inwiefern es nicht unvernünftig ist, an Gott zu glauben. So lohnt die Beschäftigung mit ihnen auch heute noch. Das belegt auch ihre breite Diskussion in der gegenwärtigen Theologie und Religionsphilosophie.

Die Gottesbeweise hat man in sehr verschiedenen Versionen formuliert. Insgesamt lassen sie sich in vier Typen einteilen, in den ontologischen, kosmologischen, teleologischen und moralischen Gottesbeweis.

Ontologischer Gottesbeweis

Gott als vollkommenstes Wesen

Der so genannte ontologische Gottesbeweis wurde zuerst von Anselm von Canterbury (1033-1109) formu-

41

liert. Anselm gehörte zu den berühmtesten Theologen des Mittelalters und war Erzbischof von Canterbury in England. Sein Beweis beruht zunächst auf einer relativ einfachen Überlegung. Anselm definiert Gott als den, über den hinaus „Größeres nicht gedacht werden kann". Diese Definition übernahm die Theologie als klassische Gottesdefinition. Sie leuchtet auch unmittelbar ein. Denn wie sonst sollten wir uns Gott vorstellen, wenn nicht als allerhöchstes Wesen?

Nun fährt Anselm fort: „Aber das, worüber hinaus Größeres nicht gedacht werden kann, kann nicht nur im Denken sein. Ist es nämlich nur in unserem Denken, so kann man es sich auch als wirklich seiend vorstellen; dann aber wäre es größer. ... Daher ist zweifellos etwas, worüber hinaus Größeres nicht gedacht werden kann, sowohl dem Denken als auch der Sache nach wirklich. Gottes Dasein ist also so gewiss, dass sein Nichtsein nicht einmal gedacht werden kann."[18]

Drei Gedankenschritte also verbindet Anselm miteinander. Zunächst fragt er nach der angemessenen Beschreibung Gottes. Er definiert Gott als das allerhöchste, allerwirklichste und allervollkommenste Wesen (ens realissimum).

Anschließend versucht Anselm, die logischen Konsequenzen dieses Gottesbegriffs klar zu machen. Wenn Gott das höchste, vollkommenste Wesen ist, dann, so Anselm, gehört zu seiner Vollkommenheit die Existenz notwendig dazu. Denn wenn Gott nicht zugleich existieren würde, würde seiner Vollkommenheit ja etwas fehlen, nämlich die wirkliche Existenz. Jedes wirklich existierende Staubkorn wäre dann vollkommener als Gott. Sobald wir den Begriff Gottes daher auch nur denken, ist die Existenz Gottes notwendig mitgesetzt.

Das führt Anselm zu dem Schluss, wonach aus dem lediglich gedachten Begriff Gottes als höchstes und vollkommenstes Wesen zwangsläufig folgt, dass Gott auch wirklich existiert, mehr noch: dass Gott als nicht existent gar nicht gedacht werden kann. Wer es trotzdem tut, denkt nicht an Gott, sondern an etwas anderes.

Anselms Beweis scheint bestechend einfach. Seine logische Eleganz fasziniert Theologen und Philosophen bis heute. Aber auch wenn zeitgenössische Denker wie Charles Hartshorne, Alvin Plantinga oder Norman Malcolm[19] das ontologische Argument in eine modallogische Begrifflichkeit kleiden, bleibt der Grundgedanke derselbe. Aus dem bloß gedachten Begriff Gottes als allervollkommenstes Wesen will man die wirkliche Existenz Gottes zwingend schlüssig ableiten. Das heißt, aus der bloßen Tatsache, dass wir Menschen den Gedanken an ein höchstes Wesens fassen können, lässt sich, wie es scheint, die wirkliche Existenz Gottes schlüssig beweisen.

Und nur der Tor, so Anselm, kann behaupten, er denke den Gottesbegriff, leugne aber trotzdem, dass es Gott gibt. Denn dieser Tor merkt gar nicht, dass er sich in einen logischen Widerspruch verwickelt hat, insofern aus dem Gedanken an ein allerhöchstes Wesen dessen wirkliche Existenz bereits notwendig folgt.

Die Frage ist nur, ob dieser Beweisgang wirklich so reibungslos funktioniert, wie es scheint.

Denken und Wirklichkeit

Eigentlich hat bereits Immanuel Kant (1724-1804) den ontologischen Gottesbeweis als restlos falsch kritisiert. Kant gehört zu den einflussreichsten deutschen Philosophen. Er lehrte in Königsberg. Sein Denkansatz prägte maßgeblich die Epoche der europäischen Aufklärung mit. „Aufklärung ist der Ausgang des Menschen aus seiner selbstverschuldeten Unmündigkeit. Unmündigkeit ist das Unvermögen, sich seines Verstandes ohne Leitung eines anderen zu bedienen", definiert Kant.[20]

Die Aufklärung appelliert also an die freie Vernunft des Menschen. In allen Lebensfragen sollte sich der Mensch allein auf das klare Urteil seiner Vernunft verlassen und nicht auf vorgegebene Meinungen oder Traditionen. Das trifft, so Kant, auch für den Glauben zu. Der Glaube muss vernünftig sein. Denn nur so kann man zu einem mündigen und verantwortungsbewussten persönlichen Glauben gelangen. Dieses Prinzip autonomer Vernunft wendet Kant nun konsequent auf den ontologischen Gottesbeweis an. Seine zwei Einwände sind leicht nachvollziehbar.

„Sein ist offenbar kein reales Prädikat ... es ist bloß die Position eines Dinges", umschreibt Kant seinen ersten Einwand.[21] Das heißt, ob etwas existiert oder nicht, fügt seiner Beschaffenheit gar keine neue Qualität hinzu. Kant verdeutlicht das mit seinem berühmt gewordenen Beispiel: „Hundert wirkliche Taler enthalten nicht das Mindeste mehr, als hundert mögliche." Dasselbe gilt auch für den Gottesgedanken. Die Existenz fügt zur Vollkommenheit Gottes keine neue Qualität hinzu, sondern betrifft nur die Frage, ob es ein solches vollkommenstes Wesen gibt oder nicht. Damit aber entfällt die Möglichkeit, aus dem Begriff der Vollkommenheit Gottes dessen wirkliche Existenz zwingend schlüssig herzuleiten.

Noch stichhaltiger ist Kants zweiter Einwand. „Denke ich mir nun ein Wesen als die höchste Realität (ohne Mangel), so bleibt noch immer die Frage, ob es existiert, oder nicht."[22] Kant weist hier auf die unweigerliche Kluft hin, die zwischen Denken und Wirklichkeit besteht. Wir können uns denken, was wir wollen: Immer bleibt die Frage, ob das, was wir uns denken, nun wirklich existiert oder nicht. Nie und nimmer können wir von unseren Vorstellungen und Begriffen auf die Wirklichkeit schließen.

Auch dieser zweite Kritikpunkt zerstört den ontologischen Beweis. Seinetwegen maß schon Thomas von Aquin dem ontologischen Argument wenig Stichhaltigkeit bei. Denn genau betrachtet besagt der ontologische Gottesbeweis nur so viel: Wenn Gott existiert, dann existiert er ewig und kann nicht einfach aufhören zu existieren. Ob es aber einen solchen ewig existierenden Gott wirklich gibt, können wir aus dem bloßen Gottesgedanken nicht notwendig herleiten.

44

Existiert Gott logisch notwendig?

Nun haben moderne Religionsphilosophen wie Hartshorne, Plantinga und Malcolm versucht, den ontologischen Gottesbeweis noch einmal zu retten. Sie kleideten ihn in eine noch stärkere Version als Anselm und glaubten damit zugleich, der von Kant geäußerten Kritik zu entgehen. Sie stellten die These auf, dass Gott logisch notwendig existiert.

Wenn wir also Gott als allervollkommenstes Wesen denken, bedeutet das, dass Gottes Existenz zu seinem Wesen genauso dazu gehört wie beispielsweise die Dreieckigkeit zum Dreieck. In beiden Fällen, so Plantinga, liegt ein logisch notwendiger Sachverhalt vor. Entsprechend muss Gott in jeder logisch vorstellbaren Welt ebenso logisch notwendig existieren wie in jeder logisch vorstellbaren Welt Dreiecke immer nur mit drei Ecken existieren können. Zumindest können logisch notwendige Sachverhalte nicht von Welt zu Welt variieren – mit der Konsequenz, dass Gott auch in unserer Welt existieren muss, da diese ja lediglich eine Verwirklichung aus der Menge prinzipiell unendlich vieler logisch vorstellbarer Welten darstellt.

Wieder scheint diese moderne, modallogische Version des ontologischen Arguments absolut stichhaltig zu sein. Freilich lässt sich leicht zeigen, an welcher Stelle sie falsch ist. Sie trifft nur zu im Fall von Dreiecken. Denn Dreiecke können tatsächlich nicht anders gedacht werden denn als Gebilde mit drei Ecken. Entsprechend gibt es auch keine logisch vorstellbare Welt, in der Dreiecke denkbar sind, ohne dass sie drei Ecken haben.

Völlig anders aber verhält es sich mit der Existenz Gottes. Denn man kann sich sehr wohl widerspruchsfrei Welten vorstellen, in denen Gott nicht existiert. Beispielsweise kann man sich eine ewige Materie vorstellen, die sich in immer neuen Verbindungen selbst organisiert. Eine solche Welt ohne Gott lässt sich, anders als eine Welt mit viereckigen Dreiecken, völlig widerspruchsfrei denken.

Mit diesem einfachen Einwand aber werden auch diese modernen Versionen des ontologischen Gottesbeweises hinfällig, die noch stichhaltiger sein wollen als Anselms ursprünglicher Beweis.

Kernwahrheit

Worin besteht nun aber die Kernwahrheit des so vieldiskutierten ontologischen Gottesbeweises? Danach hatte Anselm nur in einem Punkt Recht: Wir können uns Gott nicht beliebig vorstellen, sondern immer nur als ein Wesen von höchster Vollkommenheit. Andernfalls sprechen wir nicht über Gott, sondern über etwas anderes.
Wenn es Gott also gibt, dann ist er ein Wesen, das allmächtig ist, allwissend und vollkommen gut. Vor allem aber ist Gott ein Wesen, das nicht einfach sterben kann, sondern ewig existiert. Zu seinem Wesen gehört seinsmäßig, d. h. ontologisch notwendig, die ewige Existenz dazu. Aus diesem richtigen Gedanken Anselms leitete Kant seine spätere Namensgebung des „ontologischen" Beweises ab.
Aber die andere Frage, ob ein solcher allmächtiger und ewiger Gott wirklich existiert, ist damit noch nicht entschieden. Wir können nicht einfach von unseren Vorstellungen auf die Wirklichkeit schließen. Immer bleibt eine Kluft zwischen Denken und Wirklichkeit. Immer bleibt ein Kluft zwischen dem, was wir uns vorstellen können, und dem, was wirklich existiert.

Kosmologischer Gottesbeweis

Existenz des Universums

Der kosmologische Gottesbeweis hat eine zumindest ebenso lange Geschichte wie der ontologische. Seine Namensgebung leitet sich her vom griechischen Wort Kosmos. Es bedeutet Ordnungsgefüge, Weltall. Von vornherein setzt der kosmologische Beweis viel überzeugender an. Er geht nicht lediglich von der Idee Gottes aus, die wir Menschen uns bilden können und die sich in unserem Bewusstsein vorfindet. Sondern er geht von der konkreten Erfahrungstatsache aus, dass es das Universum gibt. Diese Erfahrungstatsache lässt uns dann sofort weiter fragen, woher das Universum eigentlich kommt. Worin hat es seine Ursache. Worin hat es seine Erklärung?

Diese Frage bildete schon für Thomas von Aquin (1224/25-1274) den Ausgangspunkt für sein kosmologisches Beweisargument. Zu Recht gilt Thomas von Aquin als der grösste Theologe des Mittelalters. In einer gewaltigen geistigen Leistung arbeitete er erstmals ein umfassendes theologisches Lehrsystem des christlichen Glaubens aus. Auch wenn Thomas das unter den Wissensbedingungen seiner Zeit tat, sieht man ihn bis heute zu Recht als Kirchenlehrer an.[23] Den kosmologischen Gottesbeweis formuliert Thomas in den so genannten fünf Wegen zu Gott (quinque viae). Sie stehen am Anfang seines theologischen Hauptwerks, seiner Summa Theologiae.

In der Welt, so Thomas, ist „niemals festgestellt worden ..., dass etwas seine eigene Wirk- und Entstehungsursache ist ... Es ist aber ... unmöglich, in der Über- und Unterordnung von Wirkursachen ins Unendliche zu gehen ... Denn in dieser Ordnung von Wirkursachen ist das Erste die Ursache des Mittleren und das Mittlere die Ursache des Letzten ... Gibt es also kein Erstes in dieser Ordnung, dann kann es auch kein Letztes oder Mittleres geben. Lassen wir die Reihe der Ursachen aber ins Unendliche gehen, dann kommen wir nie an eine erste Ursache und so werden wir weder eine letzte Wirkung noch Mittel-Ursachen haben. Wir müssen also notwendig eine erste Wirk- und Entstehungsursache annehmen: und die wird von allen ‚Gott' genannt."[24] Damit hat Thomas den kosmologischen Gottesbeweis auch schon mustergültig formuliert. Seine drei Gedankenschritte kehren auch in allen späteren Varianten wieder.

Erstens, so Thomas, wissen wir, dass das Universum nicht notwendig existiert. Denn es könnte ja auch nicht da sein. Es ist kontingent. Das heißt, das Universum hat sich nicht selbst verursacht, genauso wenig wie wir Ursache unser selbst sind.

Damit klingt zweitens der Dreh- und Angelpunkt des kosmologischen Beweises bereits an. Danach muss alles, was nicht Ursache seiner selbst ist, von etwas anderem verursacht sein. Sonst würde es ja überhaupt nicht existieren. Der Philosoph Gottfried Wilhelm Leibniz (1646-1716) fasst diesen thomasischen Grundsatz zusammen in seinem metaphysischen Satz vom zureichenden Grund.[25] Er besagt, dass alles, was nicht Ursache seiner selbst ist, einen zureichenden Grund in etwas anderem haben muss. Es gibt keine Wirkung ohne zureichende Ursache. Oder volkstümlich gesagt: Von nichts kommt nichts. Dieses Prinzip, wonach nichts unverursacht existiert, macht der kosmologische Beweis nun für das Universum als Ganzes geltend.

Drittens ist darin der Beweisschluss bereits enthalten. Weil alles eine Ursache hat, muss auch das Universum eine Ursache haben. Weil man aber in der Ursachenkette nicht endlos zurückgehen kann, muss es eine erste Ursache geben, aus der alles andere folgt. Es liegt auf der Hand, dass man diese erste Ursache, die alles in Gang gesetzt hat, mit Gott identifiziert.

Zureichender Grund

Zunächst klingen diese Überlegungen absolut stichhaltig. Vom Faktum des Universums kann man, wie es scheint, direkt zurückschließen auf Gott als dessen Erklärungsursache. Freilich funktioniert dieser Schluss genau unter einer Voraussetzung, nämlich unter der Voraussetzung, dass es wirklich für alles eine Ursache geben muss. Genau hier aber liegt das Problem. Denn woher wissen wir absolut sicher, dass alles auch wirklich eine Ursache hat?

Gewöhnlich denken wir darüber nicht weiter nach. Denn die Erfahrung lehrt uns, dass nun einmal nichts unverursacht existiert. Eine Glühbirne zerspringt nicht ohne Grund, und auch Wasser kocht nicht einfach so. Auch ein Buch fällt nicht zufällig vom Regal, sondern weil es schief stand oder zu schwer war. Die Frage nach der Ursache von etwas ist für uns daher selbstverständlich. Ganz unwillkürlich unterstellen wir, dass es für alles eine Ursache und Erklärung gibt. Und es wäre nur sonderbar anzunehmen, dass das Universum hiervon eine Ausnahme macht.

So plausibel das klingt, bleibt trotzdem die Frage: Wie sicher wissen wir, dass wirklich ausnahmslos alles eine Ursache hat? Ehrlicherweise können wir lediglich behaupten, dass sich unsere Annahme: „Alles hat eine Ursache" in allen bisherigen Erklärungsfällen als richtig erwiesen hat.

Die Wissenschaft spricht hier vom Kausalitätsprinzip (vom lateinischen: „causa" = „Grund, Ursache"). Es gehört zu den wichtigsten metaphysischen und auch naturwissenschaftlichen Erkenntnisprinzipien. Das Kausalitätsprinzip besagt, dass nichts unverursacht passiert, dass gleiche Ursachen gleiche Wirkungen haben, dass kleine Ursachen gewöhnlich kleine Wirkungen haben, große Ursachen gewöhnlich große Wirkungen usw. Aber noch einmal: Wie sicher wissen wir, dass das Kausalitätsprinzip immer, ausnahmslos und absolut gilt?

Gewiss haben wir bisher mit ihm die Welt erfolgreich gedeutet, in der Naturwissenschaft ebenso wie in unseren Alltagsentscheidungen. Aber geht es nicht zu weit zu behaupten, dieses Prinzip gelte absolut? Denn, wie gesagt, es bestätigte sich nur bisher in unserem erfahrungsmäßigen Umgang mit der Wirklichkeit! Und es bestätigte sich nur in unserem, an der Größe des Universums gemessen, vergleichsweise kleinen menschlichen Erfahrungsbereich!

Völlig zu Recht stufen Philosophie und Erkenntnistheorie den Kausalsatz daher zwar als lebenspraktisch gut bewährte Annahme ein, von der wir aber nicht wissen, ob sie absolut gilt. Rein erkenntnistheoretisch betrachtet, wissen wir daher nicht absolut sicher, ob wirklich alles einen Grund hat.

Das hat nun aber gravierende Konsequenzen für die Beweiskraft des kosmologischen Gottesbeweises. Denn man kann nun nicht länger argumentieren: Weil das Universum existiert, muss es Gott geben; denn ohne Gott hätte das Universum ja keine Ursache und würde demzufolge gar nicht existieren; nun existiert es aber, also muss es Gott geben, der es geschaffen hat. So kann man nicht länger sinnvoll argumentieren. Denn selbst wenn wir mit Sicherheit wüssten, dass innerhalb des Universums nichts unverursacht passiert, wüssten wir immer noch nicht, ob das auch für die Entstehung von Universen als solchen gilt. Diese Überlegungen genügen bereits, damit klar wird, inwiefern das kosmologische Argument jedenfalls keinen zwingenden Gottesbeweis abwirft.

Atheistische Deutung?

Daher spricht logisch auch nichts dagegen, wenn Bertrand Russell feststellt: „Das Universum ist einfach vorhanden, und das ist alles."[26] Russell meint damit, dass es gar keinen Sinn hat, nach einer Erklärung für das Universum zu fragen. Sondern wir müssen das Universum einfach als letzte nicht noch einmal erklärbare Tatsache hinnehmen. Weil wir nicht wissen, ob wirklich alles einen Grund hat, können wir auch nicht behaupten, dass das Universum Gott als letzte Erklärungsursache hat. Das Universum kann sich, so Russell, genauso gut einem gigantischen Zufall verdanken.

Russell macht noch einen gravierenderen Einwand geltend. Er fragt: Warum sollte es eigentlich legitimer sein, bei Gott als letzter nicht noch einmal erklärbarer Erklärungsursache stehen zu bleiben und nicht schon beim Universum selbst? Wenn die Frage nach der Ursache und Erklärung immer zwangsläufig bei einer letzten Erklärung stoppen muss: Warum dann erst bei Gott Halt machen und nicht schon beim Universum? In beiden Fällen handelt es sich doch um eine nicht noch einmal erklärbare Tatsache!

Atheistische Denker wie Russell oder auch Mackie machen zugleich ein Motiv geltend, warum es uns offenbar viel leichter fällt, Gott als letzte unerklärliche Tatsache zu akzeptieren statt das Universum. Es ist für uns, so Russell, ganz einfach intellektuell und auch existenziell befriedigender, bei Gott als letzter Erklärung Halt zu machen als beim Universum. Denn wenn wir Gott als letzte Erklärung für das Universum veranschlagen, dann hat das Universum einen Sinn und ebenso alles Leben in ihm. Denn dann hat Gott das Universum geschaffen und verfolgt mit ihm bestimmte Ziele, die er auch realisiert.

Nur, so Russell und Mackie, erscheint es eben sehr fraglich, ob sich die Wirklichkeit nach unseren intellektuellen und existenziellen Bedürfnissen, Wünschen und Hoffnungen richtet.

Ergebnis

Wie ist der kosmologische Gottesbeweis daher einzustufen? Was wirft er ab für die Frage nach der Wahrheit und Vernünftigkeit des Glaubens? Klar geworden ist, dass sich Gott als Ursache des Universums mit seiner Hilfe nicht zwingend beweisen lässt. Trotzdem gilt der Kerngedanke des kosmologischen Arguments auch heute noch, wenn auch in abgewandelter Form.

Denn auch wenn wir nicht sicher wissen, ob das Universum eine Ursache hat oder rein zufällig besteht, erscheint es doch irgendwie unplausibel anzunehmen, dass zwar innerhalb des Universums jede Kleinigkeit eine Ursache hat, das Universum als Ganzes aber nicht. Es erscheint irgendwie unwahrscheinlich, dass ein so hoch komplexes und unermesslich großes Universum, wie es das unsere ist, keinerlei Erklärung hat und sich einem puren Zufall verdankt. Daher ist unser Gefühl berechtigt, dass die Existenz des Universums geradezu nach Erklärung schreit.

Freilich ergibt diese Überlegung lediglich ein Wahrscheinlichkeitsargument dafür, dass Gott der Schöpfer des Universums ist. Sie ergibt aber keinen zwingenden Gottesbeweis, wie man lange Zeit in Philosophie und Theologie glaubte.

Wenn es aber so steht: Warum sollte man sich dann noch überhaupt lange mit dem kosmologischen Argument beschäftigen? Was hilft die Feststellung, dass das Universum möglicherweise Gott zur Ursache hat, vielleicht aber auch nur rein zufällig besteht? Was hilft das für die Frage, ob es Gott gibt oder nicht?

Wer so fragt, übersieht, worin der eigentliche argumentative Wert dieser Überlegungen besteht. Gewiss kann man mit Hilfe des kosmologischen Arguments die Existenz Gottes ebenso wenig zwingend beweisen wie mit Hilfe des ontologischen Arguments. Aber einen Effekt hat diese Diskussion doch. Sie macht klar, dass der Atheist seine Zufallserklärung auch nicht besser begründen kann als derjenige, der glaubt, dass Gott das Universum geschaffen hat.

Wenn daher vielfach die Meinung vorherrscht, man könne heute sowieso nicht mehr an Gott als Ursache des Universums glauben, dann kann man mit guten Gründen darauf verweisen, dass der Gottesglaube zumindest ebenso vernünftig erscheint wie der atheistische Zufallsglaube.

Teleologischer Gottesbeweis

Ordnung des Universums

Der teleologische Gottesbeweis ähnelt dem kosmologischen darin, dass auch er von einer konkreten Erfahrungstatsache ausgeht, nämlich von der Erfahrung der Ordnung des Universums.

Unser Universum stellt kein chaotisches Durcheinander dar, sondern besitzt sogar recht ausgeprägte Ordnungsstrukturen. Das beginnt schon mit der Tatsache, dass das Universum naturgesetzlich geregelt ist. Ferner hat das Universum so komplexe Gebilde wie Pflanzen, Tiere und schließlich den Menschen hervorgebracht, d. h. lebendige Organismen, die in anderer Form vielleicht auch sonst wo im Universum existieren. Zugleich weist das Universum eine faszinierende Schönheit auf, wie der Blick in den Sternenhimmel belegt.

Kann diese Ordnung und Schönheit nun rein zufällig bestehen, oder ist es nicht nahe liegend, sie durch das planvolle und zielgerichtete Handeln Gottes zu erklären? Das ist die Frage, die hinter dem so genannten teleologischen Gottesbeweis steht. Hieraus ist auch wieder der Name dieses Beweises abgeleitet. Denn das griechische Wort für „Zielgerichtetheit" heißt „telos".

Der teleologische Beweis gewann vor allem im 18. und 19. Jahrhundert an Bedeutung. Grund dafür war der zunehmende Erklärungserfolg der damals mächtig aufstrebenden Naturwissenschaft. Sie stellte ein immer faszinierenderes Bild von der naturgesetzlichen Geordnetheit des Universums vor Augen, auch davon, wie präzise die einzelnen Kräfte und Teile aufeinander abgestimmt sind, angefangen vom Sonnensystem bis hin zum Funktionieren des menschlichen Körpers.

Vor allem der englische Theologe William Paley (1743-1805) gab diesen Überlegungen schließlich eine präzise Formulierung.[27] Den Kerngedanken macht Paley mit seiner Analogie von der Uhr deutlich. Wenn wir, so Paley, in einer Wüste einen verwitterten Felsbrocken am Boden liegen sehen, dann wundern wir uns nicht weiter darüber. Wir führen sein Aussehen zurück auf den Wind, Frost und Regen, dem er so lange Zeit ausgesetzt war. Wenn wir aber an derselben Stelle eine Uhr liegen sehen, sind wir kaum bereit, ihr Zustandekommen auf solche rein natürlichen Kräfte wie Wind und Regen zurückzuführen. Sondern wir schließen völlig zu Recht, dass sich diese Uhr einer planvollen Anfertigung verdankt. Und an diesem Schluss halten wir selbst dann fest, wenn wir noch nie zuvor eine Uhr gesehen haben und auch nicht wissen, wie sie funktioniert. Denn Gegenstände wie Uhren sind einfach zu komplex und kunstvoll in der Anordnung ihrer Teile, als dass sie sich nicht bewusster Planung und intelligenter Erfindung verdanken.

Paley hat damit die drei Schritte des teleologischen Arguments auch schon genannt. Erstens besitzt das Universum eine unbestreitbare Ordnung, Struktur und Zweckgerichtetheit, die wir zugleich als schön empfinden können, etwa wenn wir eine bestimmte Sternenkonstellation betrachten oder eine Blumenwiese. Zweitens können wir diese unbestreitbare Ordnung des Universums nun aber ebenso auf einen intelligenten Planer zurückführen wie die kunstvollen Produkte menschlicher Tätigkeit. Das besagt drittens: Das teleologische Argument ist ein Analogie-Argument. Ebenso wie wir mit Sicherheit wissen, dass Produkte wie Uhren, Schlösser oder Autos nicht von allein entstehen, können wir mit Sicherheit schließen, dass sich die Ordnung des Universums dem planvollen Handeln Gottes verdankt.

Fehlerhafte Schöpfung

Paley selbst und viele seiner Zeitgenossen überzeugte hier am meisten die Funktionsweise lebendiger Organismen und ihre Angepasstheit an die Umwelt. Beides empfand man als wunderbar. Man begeisterte sich förmlich dafür, wie beispielsweise das Auge funktioniert, wie wundersam seine unterschiedlichen Bestandteile wie Linse, Augenmuskel und Nerven zusammenspielen und dem Körper dienlich sind. Man bestaunte, wie optimal der Wechsel zwischen Tag und Nacht dem Lebensrhythmus von Tieren und Menschen angepasst ist, die sich dadurch von den Aktivitäten des Tages erholen können. Man bestaunte, wie optimal die Kräfte der Natur auf die Bedürfnisse von Menschen, Tieren und Pflanzen abgestimmt sind, was Nahrung und Fortleben betrifft.

Für all das konnte man sich förmlich begeistern. Und man konnte sich die Natur mit ihren Gesetzen und Abläufen nicht anders deuten denn als Produkt der absichtsvollen Planung Gottes, der das Universum bewusst so eingerichtet hat. Diese offensichtliche Regelmäßigkeit und Zweckdienlichkeit im Universum und in der uns umgebenden Natur verstand man daher als nahezu unwiderleglichen Beweis für die Existenz Gottes.

Der teleologische Beweis musste allerdings gleich zwei harte Schläge hinnehmen. Den ersten formulierte David Hume, der englische Aufklärungsphilosoph (1711-1776). Er fragte, ob der Analogieschluss des teleologischen Beweises wirklich so schlüssig ist, wie es scheint. Gewiss bietet unser Universum faszinierende Schönheiten. Das ist aber nur die eine Seite. Denn zugleich ist es endlich und mit vielen Fehlern behaftet.

Damit hat Hume das Problem des teleologischen Gottesbeweises auch schon markiert. Denn kann man von einem endlichen und derart unvollkommenen Universum wirklich so ohne weiteres auf einen unendlichen und vollkommenen Schöpfergott zurückschließen? Müsste man nicht zu einem ganz anderen Ergebnis kommen, wenn man das teleologische Argument wirklich ernst nimmt, nämlich zu dem Ergebnis, dass das Universum eher das „kindische Greisenwerk einer schon altersschwachen Gottheit" ist, die gar nicht mehr im Vollbesitz ihrer Kräfte steht und die das Universum erst nach vielen Fehlversuchen zu Stande gebracht hat? Zumindest würde das erklären, warum es so viele Katastrophen, Unfälle und Krankheiten innerhalb des Universums gibt![28]

Hume formuliert hier bewusst zynisch. Denn er selbst war Atheist und von der mangelnden Schlüssigkeit des teleologischen Beweises völlig überzeugt. Den entscheidenden Schwachpunkt aber benennt Hume treffsicher. Der veranschlagte Analogieschluss ist nicht stichhaltig, sondern äußerst brüchig. Denn nur angesichts einer vollkommenen Paradieseswelt könnte man zwingend schlüssig auf einen vollkommenen Schöpfergott zurückschließen, nicht aber angesichts unseres unvollkommenen, leidbehafteten Universums.

Evolutionstheorie

Den zweiten noch vernichtenderen Schlag brachte die Evolutionstheorie. Charles Darwin (1809-1882) entdeckte sie. Auf seiner berühmt gewordenen Pazifikreise mit der Beagle beobachtete er, dass von Region zu Region die Pflanzen und Tiere kleine Unterschiede aufweisen und dadurch optimal an die jeweiligen Umweltbedingungen angepasst sind. Darwin fragte sich nun, woher diese kleinen Unterschiede kommen, die diese optimale Anpassung bewirken. Im Nachdenken darüber stieß er auf seine Evolutionstheorie.

Ihrem Kern nach besteht sie in folgenden zwei Überlegungen. Erstens kann man beobachten, dass alles in der Natur einer fortwährenden Veränderung unterliegt. Nie folgt auf das Vorhergehende exakt dasselbe, sondern mit jeder neuen Generation mutieren die Arten. Diese kleinen zufälligen Veränderungen aber haben nun für das Fortkommen und Überleben positive oder negative Konsequenzen. Die positiven Konsequenzen bestehen darin, dass die betreffende Art eben verhältnismäßig besser an ihre Umwelt angepasst und damit überlebenstüchtiger ist im Verhältnis zu der Art, die diese Entwicklung nicht mitgemacht hat. Wie aber filtert die Natur solche positiven Entwicklungstendenzen heraus und bildet sie fort?

Hier macht Darwin den entscheidenden zweiten Schritt. Denn als Motor der Evolution macht er das Prinzip der natürlichen Auslese geltend. Danach findet in der Natur ein Kampf ums Überleben statt. Darin überleben immer nur die Arten, die den gegebenen Umweltbedingungen augenblicklich am besten angepasst sind. „Aus dem Kampf der Natur, aus Hunger und Tod, geht also unmit-

telbar das Höchste hervor, das wir uns vorstellen können: die Erzeugung immer höherer und vollkommenerer
Wesen." So lautet Darwins Fazit am Ende seines Buches
„Die Entstehung der Arten durch natürliche Zuchtwahl",
das im Jahr 1859 in London erschien und bereits am
ersten Tag vollständig ausverkauft war.[29]
Dass damit der teleologische Gottesbeweis wiederum in
seinem Kern getroffen war, liegt auf der Hand. Denn
seine Vertreter bestanden ja gerade darauf, dass die
beobachtbare optimale Angepasstheit von Pflanzen,
Tieren und Menschen an ihre Umwelt einzig und allein
durch das planvolle und gütige Handeln Gottes erklärt
werden kann. Dagegen brauchen die Vertreter der Evolutionstheorie keine solche übernatürliche Erklärung
durch Gott. Sie können dasselbe Phänomen ganz natürlich erklären, nämlich durch das Prinzip von Mutation
und natürlicher Auslese.
Zugleich ist damit ein recht ernüchterndes Bild der Wirklichkeit gezeichnet. Nicht Gott mit seiner Güte und All-
wissenheit hat die Natur so eingerichtet, dass der
Mensch in ihr leben kann, insofern sie exakt die Umweltbedingungen bietet, die er zum Leben braucht.
Sondern es verhält sich genau umgekehrt. Die natürliche Auslese im nackten Kampf ums Überleben hat
Pflanzen, Tiere und Menschen schließlich so angepasst,
dass sie in der Welt leben und überleben können. Die
Organismen aber, die nicht anpassungsfähig und flexibel
genug sind, werden gefressen oder sterben ganz einfach aus. Sie werden, wie die Evolutionsbiologie sagt,
aus der Natur „herausselektiert".
Ehrlich betrachtet ist die Natur tatsächlich nur bedingt
lebensfreundlich eingerichtet. Fast gleichgültig zerstört
sie auch wieder, was sie hervorgebracht hat. Ferner
scheint bewusstes und intelligentes Leben im Universum
eher die Ausnahme zu bilden. Spätestens seit der Entdeckung der Evolutionstheorie kann man daher nicht
mehr wie früher von der Ordnung der Natur direkt und
zwingend auf Gott zurückschließen, der alles so gütig

und umsichtig eingerichtet hat. Spätestens jetzt scheint der teleologische Gottesbeweis endgültig zerstört.

Feinabstimmung des Universums

Überraschenderweise taucht das teleologische Argument während der letzten Jahrzehnte in neuem Gewand auf, und zugleich mit neuem Beweisanspruch. Den Anlass bildet die naturwissenschaftliche Erkenntnis, dass die fundamentalen Naturkonstanten und Grundkräfte im Universum, seine Masse und Energie, exakt abgestimmt sein müssen, damit das Universum überhaupt die evolutive Entwicklung durchmachen konnte, die es faktisch durchgemacht hat und die schließlich auch zur Entstehung von uns Menschen führte. Diesen Sachverhalt beschreibt die neuere Naturwissenschaft als Feinabstimmung (fine tuning) des Universums.

Wäre beispielsweise die Gravitationskraft nur um wenige Prozent schwächer ausgefallen, hätte sich das Universum zu schnell ausgedehnt und hätten sich entsprechend keine Galaxien mit Sternen und Planeten bilden können. Wäre sie um nur wenig stärker ausgefallen, hätte sich das Universum zu schnell wieder zusammengezogen. Es wäre dann keine Zeit gewesen für die jahrmilliardenlange chemische Evolution, die zur Entstehung von Leben nötig war.

Ähnliches gilt für das Zusammenspiel der Gravitationskraft und der elektromagnetischen Kraft. Würde sich hier nur um wenige Prozenteinheiten etwas ändern, würden die Sterne entweder zu kalt oder zu schnell und heiß brennen. Wieder hätte dann kein Leben entstehen können. Hinzu kommt, dass das Universum genügend alt sein muss, damit durch die Sternenverbrennung von Wasserstoff zu den schwereren Elementen überhaupt das Material bereitgestellt wird, das für die Entstehung von Planeten und Leben nötig ist. Es müssen also erst viele Sternengenerationen verbrannt sein, damit es Elemente wie Sauerstoff, Kohlenstoff und Stickstoff gibt, aus denen Leben entsteht und aus denen auch der Körper des Menschen gebaut ist. Das alles setzt, der Einstein'schen Relativitätstheorie entsprechend, eine ziemlich exakte Massedichte und Größe des Universums voraus.

Ferner sind ganz spezielle Anfangsbedingungen dafür nötig, dass Leben auf Erden überhaupt existieren kann. Die Sonne muss über einen langen Zeitraum sehr konstant brennen, um eine gleichmäßige Energieversorgung zu sichern. Die Erdbahn darf nicht zu exzentrisch verlaufen, damit es nicht zu allzu großen Abstandsveränderungen kommt mit der Folge, dass es das Jahr über auf der Erde einmal zu heiß und einmal zu kalt wird. Es muss ein konstantes Magnetfeld geben sein, die vor der energiereichen Strahlung schützt, usw.

Alles in allem zeichnet die moderne Naturwissenschaft ein äußerst überraschendes Bild vom Universum. Bereits sehr kleine Abweichungen in seinen Konstanten und Anfangsbedingungen führen dazu, dass sich das Universum in eine völlig andere Richtung entwickelt. Besonders für die evolutive Entwicklung von Leben ist der Spielraum äußerst eng.

Wie aber erklärt man diese fast atemberaubende Feinabstimmung, die von Beginn des Universums an gegeben sein muss? Besteht sie rein zufällig? Oder tritt hier nicht zwangsläufig das teleologische Argument in neuem Gewand hervor? Danach hat eben Gott diese Justierung im Universum vorgenommen, um dessen evolutive Entwicklung herauf bis zur Entstehung von bewusstem Leben zu ermöglichen.

Vielweltentheorie

Die naturwissenschaftliche Feinabstimmung erscheint also irgendwie viel zu unwahrscheinlich, als dass man sie einfach unerklärt lassen und als gigantischen Zufall abtun könnte. Freilich reduziert sich seine vermeintliche Rätselhaftigkeit auch wieder, wenn man die moderne

Vielweltentheorie ernst nimmt, wie sie von vielen Astrophysikern vertreten wird.

Danach kann man sich durchaus vorstellen, dass viele Universen aufeinander folgen. Sie sind durch den Urknall als Anfangssingularität voneinander getrennt. Als Anfangssingularität bezeichnet die moderne Astrophysik ein Ereignis, in dem einerseits alle vorausliegenden Informationen ausgelöscht und anderseits völlig neue Anfangsbedingungen gesetzt werden. Durch solche Anfangssingularitäten sind die aufeinander folgenden Universen daher völlig voneinander getrennt. Weder kann man vorher wissen, was nachher kommt, noch kann man nachher wissen, was vorher war. In dieser Reihe aufeinander folgender Universen, die explodieren, sich ausdehnen und sich schließlich wieder zusammenziehen, um wieder zu explodieren, wird es freilich um so wahrscheinlicher, dass einmal eine Konstellation zu Stande kommt mit exakt der Feinabstimmung unseres Universums, die dann die evolutive Entwicklung ermöglicht, die unser augenblickliches Universum durchläuft.

Es verhält sich hier wie beim Kartenspiel. Wenn man Karten unendlich oft mischt, kommt schließlich jede noch so seltene Kartenkonstellation zu Stande. Entsprechend gelangt der Physiker und Philosoph Bernulf Kanitscheider (geb. 1939) zu dem Schluss: Zwar erscheint das Fine tuning unseres Universums äußerst unwahrscheinlich und erklärungsbedürftig. Aber „unser Erstaunen über die Koinzidenz so vieler unabhängiger lebensförderlicher Konstanten und Parameter" reduziert sich sofort drastisch, wenn man die Möglichkeit eines oszillierenden Weltmodells ins Auge fasst.[30]

Freilich schließt diese Erklärungsmöglichkeit die religiöse Erklärung nicht aus. Im Gegenteil. Gerade Physiker wie Albert Einstein, Max Planck oder Werner Heisenberg verstehen die exakte mathematische Berechenbarkeit und Harmonie der Naturgesetze als direkten Ausdruck von Gottes „überlegener Vernunft".[31] Die Deutung, dass Gott der Schöpfer des mathematisch-wissenschaftlich begreifbaren Universums ist, liegt also irgendwie nahe.

Allerdings gilt hier dieselbe Einschränkung wie im Fall des kosmologischen Arguments. Aus Erfahrung wissen wir nur, wie es sich im Fall menschlicher Produkte verhält. Pyramiden entstehen nicht von selbst. Und wenn wir im Urwald auf längst verfallene Mauerreste stoßen, wissen wir mit Sicherheit, dass hier Menschen lebten, die diese Mauern, zu welchem Zweck auch immer, gebaut haben. Aber wir wissen nicht mit derselben Sicherheit, ob sich die mathematische naturgesetzliche Ordnung und Feinabstimmung des Universums zwingend auf Gott zurückführen lässt.

Dennoch erscheint es nicht unvernünftig anzunehmen, dass sich die atemberaubende Feinabstimmung unseres Universums Gott verdankt, der die Masse, Energie und Struktur des Universums so justiert hat, damit die evolutive Entwicklung in Gang kommt, die er beabsichtigt, angefangen von der Entstehung der höheren Elemente bis hin zum intelligenten Bewusstsein des Menschen, der nun umgekehrt die Natur mit ihren Gesetzen erforschen und sich diese technisch und medizinisch nutzbar machen kann, oder der sich ganz einfach an der Schönheit der Natur freuen und sie in Kunst und Malerei ausdrücken kann, und der damit alle die Werte verwirklicht, die Gott durch den Menschen verwirklicht haben will.

Ergebnis

Wieder werfen die Überlegungen zum teleologischen Argument keinen zwingenden Gottesbeweis ab. Aber solche zwingenden Gottesbeweise ergäben, rein theologisch betrachtet, ohnehin wenig Sinn. Denn sie würden die Glaubensfreiheit des Menschen zerstören. Eine solche besteht nur dort, wo man mit guten Gründen an der Existenz Gottes auch zweifeln kann.

Anderseits muss der Glaube vernünftig sein. Sonst kann man ihn vom puren Märchen- oder Aberglauben nicht mehr unterscheiden. Vernünftig aber ist der Glaube, wenn sich zeigen lässt, dass zumindest nichts direkt gegen seine Wahrheit spricht. Diesem Nachweis dienen auch die Überlegungen zum teleologischen Argument.

Wieder könnte man einwenden: Seine Diskussion ist doch überflüssig, weil schließlich doch dahingestellt bleibt, ob nun Gott die Feinabstimmung des Universums vorgenommen hat oder ob sie nicht doch rein zufällig besteht. Damit verkennt man freilich wieder das reale Ergebnis dieser Diskussion. Denn sie macht immerhin deutlich, dass die Erklärung der naturwissenschaftlichen Feinabstimmung durch Gott gegenüber der alternativen Vielweltentheorie keineswegs so unplausibel erscheint, wie das heute vielfach angenommen wird. Und gerade auch viele Naturwissenschaftler werden darauf zunehmend aufmerksam.

Moralischer Gottesbeweis

Frage nach dem Gewissen

Der moralische Gottesbeweis geht nicht wie der kosmologische und teleologische Gottesbeweis von äußeren Gegebenheiten aus wie der Existenz des Universums oder seiner Feinabstimmung. Sondern er geht von der inneren und zutiefst menschlichen Erfahrung aus, dass wir moralische Wesen sind und ein Gewissen haben. Im 19. Jahrhundert machte vor allem der große englische Kardinal und Theologe John Henry Newman (1801-1890) das Argument aus dem Gewissen stark, und zwar in folgenden drei Gedankenschritten.

Zunächst beschreibt Newman die Erfahrung des Gewissens als eine ganz persönliche Instanz, die jeder Mensch in sich wahrnimmt. Wenn wir etwas unterlassen, ist es das Gewissen, das uns in die Pflicht ruft. Wenn wir etwas in Ordnung gebracht haben, ist es auch das Gewissen, das uns ein Gefühl der Zufriedenheit vermittelt. Jeder kennt diese Erfahrung und weiß von sich aus, was mit einem guten oder schlechten Gewissen gemeint ist. Das Gewissen begleitet und bewertet unser Tun. Im

Gewissen fühlen wir uns direkt persönlich zur Verantwortung gezogen, und zwar, so Newman, sonderbarer
Weise selbst dort, wo uns niemand sieht und wo es sich
um unsere geheimsten Gedanken handelt.

In dieser unwillkürlichen Erfahrung besteht für Newman
nun aber der entscheidende Ansatzpunkt seines Arguments: „'Der Böse flieht, wenn keiner ihn verfolgt'. Aber
warum flieht er denn? Woher sein Schrecken? Wer ist
es, den er in der Einsamkeit sieht, in der Finsternis, in
den verborgenen Kammern seines Herzens? ... So ist
das Phänomen des Gewissens ... dazu geeignet, dem
Geist das Bild eines höchsten Herrschers einzuprägen,
eines Richters: heilig, gerecht, mächtig, allsehend, ver-
geltend."[32]

Auch wenn das in der gefühlvollen Sprache des 19.
Jahrhunderts gesprochen ist, wird Newmans Beweisschluss bereits klar. Im Gewissen fühlen wir uns persönlich verantwortlich und zur Rechenschaft gezogen. Vor
wem aber schämt sich, wer ein schlechtes Gewissen
hat? Scham und Reue empfinden wir nur vor jemanden!
Vor einem Stein schämen wir uns nicht. Sondern Gewis-
sensbisse haben wir nur vor jemand, der uns zu Recht
zur Verantwortung ziehen kann, nämlich Gott.

Wieder scheint dieser Beweis, der von der „Stimme" des
Gewissens direkt auf Gott zurückschließt, unbedingt
stichhaltig zu sein. Wie weit aber trägt er wirklich?

Beispielsweise wissen wir heute, dass das Gewissen
maßgeblich auch durch andere Faktoren mitkonstituiert
wird. Moderne Psychologen und Soziologen können
nachweisen, wie sehr unser Wertempfinden und unser
Gewissen geprägt ist durch die Erziehung und soziokul-
turellen Verhältnisse, in die wir hineingeboren werden
und in denen wir aufwachsen. Erscheint es da nicht nahe liegend, das Gewissen als Produkt dieses Sozialisie-
rungsprozesses zu verstehen?

So stellt der atheistische Philosoph John Leslie Mackie
fest: „Es ist überaus plausibel, das individuelle Gewissen
als eine Internalisierung von Anforderungen zu interpre-
tieren, die unmittelbar von den Eltern und der übrigen

Umgebung, letzten Endes jedoch von den Traditionen und Institutionen der betreffenden Gesellschaft ausgehen."[33]

Das bedeutet nun nicht, dass damit die religiöse Deutung des Gewissens als definitiv falsch erwiesen ist. Sie erscheint nach wie vor legitim. Denn könnte es nicht so sein, dass uns erst eine bestimmte Werteerziehung sensibel macht für die „Stimme" des Gewissens genauso wie uns erst das langjährige Studium der Mathematik sensibel macht für das „Reich" der Mathematik? Aber es bedeutet, dass man das Gewissen eben ganz gut auch ohne Gott erklären kann. Jedenfalls sieht man dem Gewissen seine Herkunft nicht so eindeutig an, wie das die Vertreter des moralischen Gottesbeweises ursprünglich angenommen hatten.

Ausgleichende Gerechtigkeit

Nun hat man den moralischen Gottesbeweis noch in einer zweiten, ebenso berühmten Variante vorgetragen. Sie bildet bis heute ein verbreitetes und überaus populäres Argument.

Danach erscheint es eine Forderung der Gerechtigkeit zu sein, dass derjenige, der moralisch edel handelt, dafür auch belohnt wird. Nun ist aber eher das Gegenteil der Fall. Wer moralisch edel handelt und sich an Werten wie Aufrichtigkeit, Treue und Opferbereitschaft orientiert, geht oft leer aus, während derjenige, der in allem nur seinen Vorteil sucht, sich den Erfolg und oft auch sein persönliches Glück sichert.

Damit moralisches Handeln also nicht völlig sinnlos und unvernünftig wird, muss es Gott geben, der das rechte Verhältnis zwischen moralischem Verdienst und persönlichem Glück herstellt. Es muss Gott geben, der für ausgleichende Gerechtigkeit sorgt. Jedenfalls scheint es ein Gebot moralischer Vernunft zu sein, anzunehmen, dass Gott die Gerechten belohnt und die Ungerechten bestraft, wenn nicht im Diesseits so doch im Jenseits.

Immanuel Kant hat dieses Argument in einen strikten Beweis gefasst. In seiner „Kritik der praktischen Vernunft" (1788) spricht Kant von Gott als Postulat menschlicher Moralität. Kant versteht darunter folgende drei Überlegungen. Erstens geht Kant von dem ethischen Grundsatz aus: „Wir sollen das höchste Gut (welches also doch möglich sein muss) zu befördern suchen."[34] Zugleich definiert Kant dieses höchste Gut nach zwei Seiten hin, nämlich als moralische Rechtschaffenheit und als dieser Rechtschaffenheit angemessene Glückseligkeit.

Zweitens, so Kant, gibt es aber in diesem Leben keinerlei Garantie dafür, dass Rechtschaffenheit und Glück auch wirklich zusammenfallen. Das zeigt ein nüchterner Blick in die Welt. Der Rechtschaffene ist in den wenigsten Fällen zugleich der Glückliche, und überhaupt nimmt das Leben wenig Rücksicht auf die moralische Qualität des Einzelnen. Eine quälende Krankheit lässt das Werk des Tüchtigen gar nicht erst zu Stande kommen, während der Taugenichts ein langes bequemes Leben führt. Im diesseitigen Leben stehen Moral und Glück sogar in einem ziemlich deutlichen Missverhältnis.

Diese Erfahrung bildet für Kant nun drittens den Ausgangspunkt für seinen moralischen Beweis. Denn um die Idee menschlicher Moral nicht als blanken Unsinn erscheinen zu lassen, müssen wir, so Kant, eine jenseitige Macht postulieren, die dieses Missverhältnis aufhebt, und Moral und Glück miteinander in Einklang bringt.

So sympathisch und tröstlich Kants Argument auch immer klingen mag: Es erweist sich so ziemlich in allen Zügen als falsch. Denn liegt es nicht gerade in der Logik von Werten und Normen, dass sie um ihrer selbst verwirklicht sein sollen, und nicht mit Blick auf das persönliche Glück oder auf einen ewigen Lohn, den man sich mit ihnen verschafft? Was wäre moralisch edles Handeln dann überhaupt noch wert?

Wenn man weiß, dass Gerechtigkeitssinn, Charakter und Ehrgefühl zumindest auf lange Sicht zum eigenen Glück und Vorteil ausschlagen, erscheint die damit verbundene Haltung auch nicht weiter der Rede wert. Und wenn man weiß, dass der Kampf gegen Unrecht zumindest auf lange Sicht schließlich doch zum „Sieg" führt, bedarf es auch hierzu keines allzu großen Mutes. Werte fordern uns und Normen verpflichten uns gerade ohne irgendeinen Vorteil oder Nutzen zu garantieren! Sie wollen allein um ihrer selbst willen getan sein!

Die philosophische Ethik umschreibt diese Sicht als Autonomie der Moral. Überraschenderweise entwickelte gerade Kant selbst dieses Konzept autonomer Moral. Es besagt, dass das moralisch Richtige in sich richtig ist und nicht aufgrund irgendwelcher Vorschriften, die uns von außen her auferlegt werden. Und wer moralisch richtig handelt, tut das auch völlig unabhängig davon, ob er dafür gelobt oder getadelt wird. Das heißt nun aber umgekehrt: Wer nur mit Blick auf Glück und Lohn bestimmte ethische Werte verwirklicht, handelt nicht eigentlich ethisch wertvoll. Jedenfalls stellen persönliches Glück, menschliche Anerkennung und selbst göttliche Belohnung keine moralisch wertvollen Motive dar. Denn wirklich tapfer handelt nur, wer weiß, dass sein Einsatz auch völlig „umsonst" bleiben kann.

Mit welchem Recht fordert Kant daher, dass der Tapfere auch glücklich sein muss, und dass dieser Zustand, wenn nicht in diesem Leben, so doch im kommenden Leben durch Gottes ausgleichende Gerechtigkeit hergestellt werden wird? Das erscheint willkürlich. Man kann nicht von der vielfachen Vergeblichkeit menschlich-moralischer Bemühungen auf Gott zurückschließen, der diese Vergeblichkeit einmal ausgleicht.

Entpuppt sich daher Kants Argument nicht lediglich als ein Wunsch? Es ist beruhigend und schön anzunehmen, dass es Gott gibt, der am Ende der Zeit Gerechtigkeit walten lässt über Gut und Böse, und der garantiert, dass die vielfachen moralischen Vergeblichkeiten nicht umsonst waren, und der den Gutwilligen zu ihrem Recht verhilft. Dieser Wunsch ist verständlich. Aber er wirft keinen Gottesbeweis ab. Sondern er ist eher Ausdruck religiöser Hoffnung, dass es wirklich einmal so sein wird.

Ergebnis

Auch der moralische Gottesbeweis führt daher zu keinem anderen Ergebnis als die drei Beweise zuvor. Auch er stellt keinen zwingenden Glaubensbeweis dar. Die Existenz Gottes lässt sich nicht absolut sicher beweisen. Näher betrachtet ist dieses Ergebnis aber nicht weiter beunruhigend. Zumindest ist theologischerseits gar nichts anderes zu erwarten. Denn wenn wir mit absoluter Gewissheit wüssten, dass es Gott gibt, müssten wir nicht an ihn glauben. Das wäre dann ebenso sinnlos, wie wenn wir glauben müssten, dass Dreiecke drei Ecken haben. Denn wir wissen, dass es sich ja gar nicht anders verhalten kann. Um des theologischen Glaubensbegriffes willen darf es daher gar keine zwingenden Gottesbeweise geben. Denn dann gäbe es weder eine Freiheit im Glauben noch die mit der Glaubenshaltung verbundenen Werte wie Hoffnung und Vertrauen.

Wie die Kritik der Gottesbeweise zeigt, hat Gott ganz offensichtlich die Welt so eingerichtet, dass genau diese Tugenden des Glaubens möglich sind. Man kann Gott als Schöpfer des Universums und allen Lebens in ihm nicht mit absoluter Gewissheit erkennen. Sondern Gott hinterlässt bestenfalls „Spuren" in seiner Schöpfung. Sie deuten auf ihn hin, machen seine Existenz aber nicht absolut gewiss.

Damit fällt den so genannten Gottesbeweisen eine völlig neue Rolle zu. Sie stellen keine Beweise im strengen Sinn mehr dar. Trotzdem sind sie für die Theologie nicht wertlos. Denn ihre kritische Diskussion macht vor allem eines klar, nämlich inwiefern der Glaube an Gott eine durchaus denkbare und vernünftige Alternative in der Deutung von Welt, Dasein und Leben darstellt.

Entsprechend verweist das ontologische Argument darauf, dass man sich Gott nicht beliebig vorstellen kann, sondern dass Gott als höchstes und vollkommenstes Wesen zu denken ist, d. h. als allmächtig, allwissend und vollkommen gut, als allgegenwärtig und ewig. Das kosmologische Argument zeigt, dass es gegenüber dem

Atheismus durchaus vernünftig erscheint anzunehmen, dass dieser Gott auch das Universum geschaffen hat. Das teleologische Argument belegt, dass es zumindest ebenso vernünftig erscheint, die naturwissenschaftliche Feinabstimmung des Universums durch Gott zu erklären wie durch die Vielweltentheorie. Und das moralische Argument zeigt schließlich, dass es, auch wenn andere Faktoren mitwirken, durchaus vernünftig erscheint, im menschlichen Gewissen die „Stimme" Gottes zu erkennen, die hier freilich in den vielen Brechungen menschlicher Deutung „spricht", wie beispielsweise die Erfahrung des „irrenden" Gewissens belegt.

Man sollte die Gottesbeweise daher besser als Gottesaufweise verstehen. Sie stellen Wege zu Gott dar. Denn die Fragen, die den Gottesbeweisen zugrunde liegen, verweisen auf Gott als mögliche Antwort. Wer danach fragt, woher das Universum kommt, wird auf Gott verwiesen, der es erschaffen hat. Wer fragt, welchen Sinn das Universum und alles Leben in ihm hat, wird auch auf Gott verwiesen, der mit ihm bestimmte Pläne verfolgt und den Sinn des Ganzen garantiert. Und wer fragt, woher das moralische Empfinden kommt, das selbst der verdorbenste Mensch in sich spürt, wird auch auf Gott verwiesen, der den Menschen im Gewissen zur Verantwortung ruft.

Noch einmal: Die Diskussion der Gottesbeweise mag vielleicht ernüchternd und enttäuschend sein. Sie ist aber weiterhin hilfreich und sinnvoll. Denn sie zeigt, inwiefern es im Vergleich zum Atheismus nicht unvernünftig ist, an Gott zu glauben. Zumindest kann sich die religiöse Deutung von Universum, Dasein und Leben gerade auch in unserer modernen Gegenwartswelt auf ebenso gute Argumente berufen wie die atheistische Deutung, wonach sich alles einem puren Zufall verdankt.

Leid und Übel in der Welt

Spricht die Erfahrung von Leid und Übel in der Welt nun nicht direkt gegen den Glauben? Kann eine Welt, in der es so viel und so schlimmes Leid gibt, überhaupt von Gott stammen? Wie passen Leid und Übel eigentlich zum Glauben, dass Gott gütig ist, dass er alles lenkt, bestens eingerichtet hat und umsorgt? Ist nicht eher das Gegenteil der Fall? Warum kümmert sich Gott nicht besser um seine Welt? Warum greift er nicht ein? Warum verhindert er nicht wenigstens die schlimmsten Katastrophen? Gibt es ihn überhaupt?

Solche Fragen stellen sich jedem auf die eine oder andere Weise. Und viele Glaubenszweifel haben genau hier ihren nicht nur verständlichen, sondern berechtigten Grund. Es wäre unehrlich, wollte man das leugnen.

Theodizeeproblem

Logisches Widerspruchsproblem

Mit solchen Fragen konfrontierte Königin Sophie von Preußen in ihren Briefen Gottfried Wilhelm Leibniz (1646 bis 1716), den zu ihrer Zeit gewiss berühmtesten Philosophen. Leibniz gab ihrem Problem einen klaren Namen. Er nannte es das Theodizeeproblem.[35] Der Begriff setzt sich aus den beiden griechischen Worten *theos* (Gott) und *dike* (Rechtfertigung) zusammen. Denn tatsächlich geht es im Theodizeeproblem um nichts anderes als um die Rechtfertigung Gottes angesichts einer leidbehafteten Welt.

Näherhin birgt das Theodizeeproblem das folgende logische Widerspruchsproblem. Einerseits glauben wir, dass Gott allmächtig und vollkommen gut ist. Weil er allmächtig ist, kann er alles Übel verhindern. Und weil er vollkommen gut ist, will er auch alles Übel verhindern. Anderseits nehmen wir wahr, dass es in der Welt sogar ziemlich viel Übel gibt. Beides widerspricht sich ganz offenbar. Denn wenn es einen allmächtigen und vollkommen guten Gott gibt: Warum gibt es dann so viel Leid und Übel in der Welt? Gott hätte es doch verhindern können! Denn er ist allmächtig. Und er hätte es eigentlich verhindern müssen! Denn er ist vollkommen gütig. Diesen logischen Widerspruch kann man, wie es scheint, nur dadurch lösen, dass man eine der beiden Prämissen streicht.

„Fels des Atheismus"

Genau das tun moderne Atheisten wie Hans Albert, Norbert Hoerster, Gerhard Streminger oder John Leslie Mackie.[36] Danach widerspricht die Existenz einer derart leidbehafteten Welt, wie es die unsere ist, der Existenz eines allmächtigen, gütigen Schöpfergottes.
Erscheint dieser Schluss nicht nur allzu berechtigt? Denn wenn es Gott gäbe: Müsste man dann von ihm nicht eine ganz andere Schöpfung erwarten, nämlich eine Welt, in der es keine Krankheiten und Katastrophen gibt, eine Welt, in der Menschen einander nicht so viel antun können? Wenn es Gott gäbe: Hätte er dann die Welt nicht besser eingerichtet? Kurz: Wenn es den allmächtigen gütigen Gott wirklich gäbe, dann hätte er auch eine vollkommen gute Welt erschaffen, und kein Universum, das diesen leidvollen Weg der Evolution geht!
Steht diese Erwartung nicht auch hinter dem Genesisbericht der Bibel? Dort heißt es ausdrücklich nach getaner Schöpfungsarbeit: „Und Gott sah, dass alles sehr gut war" (Gen 1,31). Wenn Gott also schafft, dann schafft er eine gute, leidfreie Welt. Unsere Welt ist aber keine solche Welt. Also erscheint es wenig vernünftig zu glauben, dass es Gott gibt. Die Existenz von Leid und Übel widerspricht dem Gottesglauben direkt!
Diese atheistische Argumentation klingt hart. Scheint sie aus dem Theodizeeproblem aber nicht direkt zu folgen?

Denn die Tatsache, dass die Natur immer schon Leid hervorbrachte, die Tatsache, dass unter den Tieren immer schon das Gesetz des Fressens und Gefressenwerdens herrscht, die Tatsache, dass Menschen immer schon mit Katastrophen und trostlosen Schicksalen konfrontiert sind, diese Tatsache, dass es noch nie anders war, stellt den Glauben an einen Schöpfer, der alles bestens eingerichtet hat, entschieden in Frage. Denn, wie gesagt: Müsste die Welt nicht anders aussehen, wenn es Gott gäbe? Müsste die Welt nicht anders aussehen, wenn Gott ihr Schöpfer und Lenker wäre?

Zu Recht also stellt das Theodizeeproblem heute den stärksten und schwerwiegendsten Einwand gegen den Glauben dar. Und zu Recht gilt es heute als „Fels des Atheismus". Eine Theologie, die hierauf keine stichhaltige Antwort weiß, gibt, ob sie das will oder nicht, dem Atheismus Recht. Das sollte man sich ehrlich eingestehen.

Prozesstheologie

Ist Gott allmächtig?

Eine erste Antwort formuliert die gegenwärtige Prozesstheologie. Sie stützt sich auf die Prozessphilosophie, die von dem amerikanischen Mathematiker und Philosoph Alfred North Whitehead (1861-1947) begründet wurde. Whiteheads Standardwerk „Prozess und Realität" ist zwar schwer lesbar, die wichtigsten Grundgedanken aber lassen sich dennoch leicht nachvollziehen.

Dabei fungiert der Name Prozessphilosophie bereits als Programm. Denn Whitehead will in seinem Denken die naturwissenschaftliche Tatsache verarbeiten, dass sich alles im Universum einem evolutiven Entwicklungsprozess verdankt. Nichts ist von Anfang an fertig da, sondern alles befindet sich in einem Prozess, der auch in Zukunft weiterläuft. Diese Tatsache, dass wir in einem evolutiven Universum leben, so Whitehead, ist bisher von der Philosophie so gut wie überhaupt nicht berücksichtigt worden. Sie hat aber gewaltige Konsequenzen, was das philosophische Verständnis des Menschen und der Wirklichkeit insgesamt betrifft.

Auch die Theologie wird dadurch vor ganz neue Probleme gestellt. Der amerikanische Prozesstheologe David Griffin, ein Schüler Whiteheads, bringt das folgendermaßen auf den Punkt. „Zeitgenössische Theologen, die die Evolutionshypothese akzeptieren und dennoch an der Hypothese der göttlichen Allmacht festhalten, haben", so Griffin, „eine Menge zu erklären. Vor allem müssen sie erklären, warum ein Gott, dessen Macht wesentlich unbegrenzt ist, eine so langwierige und schmerzvolle Methode ... verwendet, um eine Welt zu erschaffen."[37]

Wie also passt unser leidbehaftetes evolvierendes Universum zur Allmacht Gottes? In genau dieser Frage besteht das Hauptproblem, mit der die moderne evolutiv-denkende Naturwissenschaft die Theologie konfrontiert. Griffin löst es mit Hilfe seiner Prozesstheodizee, die ihre wesentlichen Motive der Prozessphilosophie Whiteheads entlehnt.

Der Kerngedanke, den Griffin von Whitehead übernimmt, ist denkbar einfach. Griffin streicht die traditionelle Vorstellung von der Allmacht Gottes. Gott ist nicht allmächtig. Gott hat das Universum auch nicht aus dem Nichts (creatio ex nihilo) heraus geschaffen. Sondern er hat die Materie bereits vorgefunden und gestaltet aus ihr das Universum. Es gibt also zwei Prinzipien, Gott und die Materie. Beide existieren immer schon und sind gleich ewig.

Diese Sicht umschreibt die Theologie als ontologischen, d. h. seinsmäßigen Dualismus. Gott musste die Materie gar nicht erst erschaffen, denn sie war schon da. Entsprechend ist auch „Schöpfung" anders als bisher zu verstehen. Schöpfung bedeutet nicht das Hervorbringen von etwas, das es zuvor nicht gab. Sondern Schöpfung bedeutet die Gestaltung der bereits bestehenden Materie durch Gott. Gott ist vergleichbar mit einem Töpfer.

Einem Töpfer ist der Ton auch vorgegeben und er kann mit ihm nicht beliebig umgehen. Ebenso kann Gott die schon bestehende Materie nur ihm Rahmen ihrer vorgegebenen Gestaltungsmöglichkeiten formen.

Nach Griffin besteht diese Gott vorgegebene Materie zunächst als reines Chaos. Chaos besagt in der Prozesstheologie, dass die Materie noch völlig ungeordnet und ohne Struktur ist. Es gibt weder Planeten noch Sonnensysteme, geschweige denn komplexe lebendige Organismen wie Tiere und Menschen, die mit Bewusstsein ausgestattet sind. Alles das gibt es erst als Resultat von Gottes Schöpfertätigkeit.

Weil Gott aber nicht allmächtig ist, kann er das alles nicht einfach verfügen. Sondern er kann die Materie nur durch „Überredung" und nach Maßgabe der in ihr vorgegebenen Gesetzmäßigkeiten dazu bringen, sich auf diese höher wertigen Gebilde hin zu entwickeln. Ferner ist Gott auch in dem Sinn nicht allmächtig, dass er den Ausgang der von ihm in Gang gesetzten evolutiven Entwicklung der Materie vollständig in der Hand hat. Gott geht immer das Risiko ein, dass die Dinge plötzlich eine evolutive Eigendynamik entfalten, die Gott dann möglicherweise wieder korrigieren kann. Aber das Endprodukt der Evolution kann Gott nicht direkt vorherbestimmen.

Gott will zwar in allem das Gute, denn er ist selbst vollkommen gut. Aber er kann seine guten Ziele nicht einfach durchsetzen. Denn er hat dazu nicht die Macht. Er kann die Welt nur zum Besseren überreden. Oder, wie Whitehead an berühmter Stelle sagt, „er rettet sie ... Er ist der Poet der Welt, leitet sie mit zärtlicher Geduld durch seine Vision von der Wahrheit, Schönheit und Güte."[38]

Gott, Evolution und Übel

Vielleicht klingt die Prozesstheologie für manchen wie ein modernes Märchen. Für sie spricht aber zunächst der hohe Erklärungswert, den sie besitzt. Zumindest

gelingt ihr der direkte Anschluss an das moderne naturwissenschaftliche Weltbild.

Denn die Prozesstheologie kann erklären, warum Gott
den langwierigen und schmerzvollen „Umweg" der naturwissenschaftlichen Evolution gewählt hat, mit allen
evolutiven Fehlversuchen und Sackgassen, mit allem
biologischen Abfall und Müll. Sie kann erklären, warum
Gott so lange mit seiner „Schöpfung" gebraucht hat, bis
er endlich zur Erschaffung des Menschen gelangt ist.

Denn auf die Frage, warum Gott nicht von Anfang an ein
leidfreies Paradies erschaffen hat, sondern ein mühsam
und leidvoll evolvierendes Universum, gibt die Prozesstheologie eine klare Antwort: Gott konnte nicht anders,
denn er ist nicht allmächtig. Er hätte gar kein fertiges
Paradies erschaffen können. Sondern er musste diesen
langen, leidbehafteten Umweg der allmählichen evolutiven Höherentwicklung gehen, um Gebilde wie Galaxien
und Sonnensysteme, Pflanzen, Tiere und Menschen her-
vorzubringen.

Die Prozesstheologie kann also das Problem der naturwissenschaftlichen Evolution, d. h. das Problem, warum
Gott das leidvoll evolvierende Universum erschuf, das
uns die moderne Naturwissenschaft vor Augen stellt,
glatt und schlüssig erklären. Und darin besteht zunächst
ihr eindeutiger Erklärungsvorteil gegenüber der traditionellen Theologie.

Auch das Theodizeeproblem kann die Prozesstheologie
lösen. Denn in prozesstheologischer Sicht ist Gott für
das Leid nicht direkt verantwortlich. Zumindest ist er
nicht dessen direkte Ursache. Denn Gott beabsichtigt in
allem nur das Gute. Das Leid aber geht auf das Konto
der materiellen Strukturen, die ihm in der Gestaltung
der „Schöpfung" vorgegeben sind. Das Leid in der Welt
ist daher ein Nebenprodukt, das Gott bei der Gestaltung
der Materie in Kauf nimmt.

Freilich stellt sich sofort der Einwand: Warum hat Gott
diese Gestaltung nicht unterlassen? Denn er wusste
doch um dieses „Nebenprodukt"! Er wusste doch, dass
spätestens mit dem evolutiven Hervortreten des Men-

schen nur noch mehr Leid in die Welt kommt, insofern die Menschen einander wiederum vielerlei Leid zufügen können. Fällt Gott damit nicht doch die alleinige Verantwortung für das Leid zu?

Die Prozesstheologie räumt diesen Einwand ein, fügt aber sofort hinzu: Die Entwicklung immer komplexerer Strukturen bis herauf zum Menschen als freiem personalen Gegenüber zu Gott mitsamt allen damit einhergehenden kulturellen, wissenschaftlichen, künstlerischen, ethischen und religiösen Entwicklungsmöglichkeiten stellt einen unbedingten Wert dar. Und um dieses Wertes willen inszenierte Gott die Evolution des Universums und des Lebens, und nahm als Preis dafür das Leid in Kauf, das damit unweigerlich verbunden ist.

Ergebnis

Alles in allem stellt die Prozesstheologie eine sehr ernstzunehmende Antwort auf das Theodizeeproblem dar. Ihr Preis ist allerdings hoch. Er besteht in der Streichung des Allmachtsattributs Gottes. Für die Prozesstheologie ist Gott zwar vollkommen gut, aber er ist nicht allmächtig.

Damit ist das christliche Gottesbild nicht nur empfindlich getroffen, sondern letztlich zerstört. Denn kann man angesichts eines nicht-allmächtigen Gottes eigentlich noch von Gott reden? Ein solcher Gott kann nicht einmal die herunterstürzende Lawine aufhalten. Wie kann er dann seine Verheißung von der Auferweckung der Toten garantieren? Wie kann er überhaupt noch Ziel der „festen Zuversicht des Herzens" sein, wie es im Glauben heißt?

Willensfreiheit und Persönlichkeitsbildung

Das Argument

Demgegenüber geht eine zweite Antwort innerhalb der aktuellen Theologie viel überzeugender vor. Sie versucht die Existenz des gütigen und allmächtigen Gottes direkt in Einklang zu bringen mit der Existenz unseres leidbehafteten Universums. Diese Lösung wird von internationalen Theologen und Religionsphilosophen wie John Hick, Richard Swinburne und Armin Kreiner vorgetragen.[39] Auch wenn die diesbezügliche Diskussion, was ihre Details betrifft, längst uferlos geworden ist, lassen sich die Kerngedanken klar fassen.

Ausgegangen wird von der Annahme, dass Gott den Menschen als freies Wesen erschaffen hat. Diese Freiheit und die damit verbundene Verantwortlichkeit bilden zugleich das höchste Gut des Menschen. Denn nur freie Wesen können ihr Leben verantwortlich planen und gestalten. Nur freie Wesen können eine echte Glaubensbeziehung zu Gott eingehen. Gott zwingt den Menschen nicht zum Guten, sondern stellt ihn vor die Wahl, das Gute oder das Böse zu tun.

Mehr noch: Gott ruft den Menschen zur Entscheidung, das Gute anzustreben und das Böse zu bekämpfen. Diese Entscheidung muss aber frei sein. Nur so kann sie eine Entscheidung von echter ethischer Bedeutsamkeit sein. Nur so kann der Mensch in Auseinandersetzung mit der realen Möglichkeit des Bösen seine Persönlichkeit entwickeln. Nur so kann der Mensch in Bewährung und Geduld gegenüber dem real erfahrenen Leid zu dem werden, der er vor den Augen Gottes werden soll.

Zu diesem Zweck also lässt Gott Übel und Leid in der Welt zu. Zu diesem Zweck hat Gott kein fertiges leidfreies Paradies erschaffen. Denn im Paradies wäre dieser von Gott beabsichtigte Prozess menschlicher Persönlichkeitsentwicklung gar nicht möglich. Diesen Zusammenhang kennen wir alle aus eigener Erfahrung. Wer immer nur auf „Rosen" gebettet ist, hat uns meist wenig zu sagen. Wirklichen Rat und Trost kann nur der geben, der selbst schon in Schwierigkeiten war. Und eine menschlich gereifte Persönlichkeit tritt uns nur bei dem entgegen, der auch die andere Seite des Lebens kennengelernt hat, die Seite von Schicksal und Leid, von Unrecht und Rückschlägen.

In dieser relativ einfachen Überlegung besteht auch schon der Kern dieses Theodizeearguments. Es muss zugleich beide Formen von Übel erklären können, nämlich sowohl das Vorkommen moralischer Übel – das sind Übel, die Menschen einander zufügen durch Kriege, Ungerechtigkeiten, Lüge und Hass – als auch das Vorkommen natürlicher Übel – das sind Übel, die ohne Zutun des Menschen eintreten wie Krankheit, Schicksalsschläge und Naturkatastrophen.

Logische Notwendigkeit?

Auch wenn diese Überlegungen spontan einleuchten, sind sie nur unter einer Bedingung wirklich stichhaltig, nämlich unter der Bedingung, dass zwischen der von Gott beabsichtigten Persönlichkeitsentwicklung des Menschen und der Existenz von Übeln ein nachweislich logisch notwendiger Zusammenhang besteht.

Logisch notwendig besagt, dass etwas gar nicht anders zu Stande kommen kann. Genau das ist aber das Problem. Denn hätte Gott den Menschen nicht gleich so erschaffen können, dass er zwar einen freien Willen und damit echte Wahlfreiheit zwischen Gut und Böse hat, sich aber trotzdem immer für das Gute entscheidet? Hätte ein allmächtiger Gott das nicht tun können? Damit hätte Gott den Menschen auch frei erschaffen, aber so, dass er der Versuchung zum Bösen mit all den verheerenden Folgen, die sie nach sich zieht, immer widersteht.

Dieser Einwand greift bereits nach dem Kern der Argumentation. Er wird noch verschärft durch den Hinweis, dass gerade nach christlicher Glaubensüberzeugung die

Heiligen im Himmel solche sündelosen Menschen sind und dass das Ziel von Gottes Schöpfung insgesamt darin besteht, dass sich alle Menschen einmal freiwillig für das Gute entscheiden und in allem freiwillig das Gute tun und das Böse meiden. Dieser Vorstellung haftet also nichts logisch Widersprüchliches an!

Warum also schuf Gott nicht von Anfang an eine Welt mit solchen zwar freien, aber zugleich „sündelosen" Menschen? Auf diese Weise wären zumindest alle moralischen Übel vermieden!

Die Erwiderung liegt auf der Hand. Sie besteht im Hinweis, dass selbst ein allmächtiger Gott das aus logischen Gründen nicht tun kann. Denn es ist ein Unterschied, ob Menschen diesen Entwicklungs- und Läuterungsprozess aus eigenem Antrieb und in eigener freier Entschiedenheit durchlaufen, oder ob Gott den Menschen von Anfang an so erschafft, dass er immer und in allem das Gute anstrebt und das Böse meidet.

Wäre der Mensch dann wirklich frei? Denn in diesem Fall müsste Gott garantieren, dass der Mensch seine Freiheit nie zum Schaden anderer missbraucht. Das heißt, echte Willensfreiheit setzt logisch notwendig die reale Missbrauchsmöglichkeit voraus. Ebenso wenig wie Gott Dreiecke mit vier Ecken schaffen kann, kann Gott Wesen schaffen, die mit echter Willensfreiheit ausgestattet sind, und zugleich gewährleisten, dass sie der Versuchung des Bösen nie erliegen. Das ist logisch unmöglich. Zumindest gleichen solche Wesen eher zum Guten determinierten Automaten als freien Menschen.

Noch etwas kommt hinzu. Menschliche Freiheit und Verantwortlichkeit werden nur dann wirklich aktiviert, wenn die Wahl des Guten und die Bekämpfung des Bösen eine echte Herausforderung darstellen. Hätte der Mensch überhaupt keine Neigung zum Bösen, wäre die Wahl zwischen Gut und Böse keine echte Wahl. Denn das Böse würde dann derart verabscheuungswürdig erscheinen, dass die Wahl des Guten nahezu automatisch erfolgt. Und lägen Vorteil und Nutzen immer auf Seiten dessen, der moralisch edel handelt, dann würde die

Alternative zwischen Gut und Böse ebenfalls keinerlei Anstrengung bedürfen.

Entscheidend ist wiederum, dass hier ein logisch notwendiger Zusammenhang vorliegt, und zwar nach zwei Seiten hin. Zum einen werden menschliche Entscheidungen erst dort zu wirklich ethisch bedeutsamen Entscheidungen, wo das Unterlassen des Guten mithin einen realen Vorteil bringt und den „bequemeren" Weg beinhaltet. Zum andern steigt der Grad menschlicher Verantwortung direkt proportional mit dem Grad der vernichtenden Auswirkungen menschlicher Nachlässigkeit oder menschlich verwerflichen Handelns. Oder kurz: Je mehr Menschen bewirken, aber auch anrichten können, desto größer ist die ihnen von Gott übertragene Verantwortung.

An diese logischen Abhängigkeiten ist auch Gott gebunden, sobald er dem Menschen einen echten Entscheidungs- und Freiheitsspielraum einräumt.

Eingreifen Gottes?

Von hier her lässt sich ein weiterer Einwand klären. Wenn Gott schon an diese logischen Abhängigkeiten gebunden ist: Warum greift er dann nicht zumindest dort ein, wo Menschen in unerträglicher Grausamkeit ihre Freiheit anderen gegenüber missbrauchen? Warum lässt er den Diktator nicht sterben, bevor dessen menschenverachtendes Tun den Höhepunkt erreicht? Warum bewirkt er nicht, dass die abgeworfene Atombombe an einer Fehlzündung scheitert? Wäre nicht wenigstens das von einem gütigen Gott zu erwarten?

Atheisten ziehen hieraus ein klares Fazit. Weil Gott selbst dem fahrlässigsten und verwerflichsten Treiben des Menschen nicht Einhalt gebietet, liegt es nahe, dass es ihn gar nicht gibt.[40]

Auch wenn dieser Schluss nahe liegt, ist er voreilig. Dazu muss man sich nur die Konsequenzen eines solchen ständigen korrigierenden Eingreifens Gottes bewusst machen. Denn wenn Gott jedes Mal zumindest die schlimmsten Folgen menschlichen Versagens ausgleicht: Hätte der Mensch dann nicht eher Narrenfreiheit als echte Verantwortung? Denn immer dann, wenn es darauf ankommt, könnte man sich ja darauf verlassen, dass es doch nicht zum Äußersten kommt und Gott die schlimmsten Folgen menschlich verwerflichen Handelns verhindert.

Sosehr wir das manchmal wünschen: Wäre der Mensch dann nicht in die Situation des Kleinkinds gestellt, das die Eltern jedes Mal, wenn es fällt oder gefährlich wird, am Laufband hochziehen und vor den Folgen seines Tuns bewahren?

Wieder stößt man hier auf einen logisch notwendigen Zusammenhang. Nur wenn tatsächlich eintrifft, was wir beabsichtigen, im Guten wie im Schlechten, kann sinnvoll von Freiheit und Verantwortung die Rede sein. Andernfalls wird es gleichgültig, was wir tun und planen. Um des Ernstes menschlicher Verantwortung willen enthält sich Gott des ständigen korrigierenden Eingreifens.

An dieser Stelle angelangt, lässt sich auch eine Teilantwort auf die Frage nach den natürlichen Übeln geben. Denn verantwortliches Handeln setzt voraus, dass wir wenigstens ein zuverlässiges Wahrscheinlichkeitswissen darüber besitzen, welche Konsequenzen unsere Handlungen haben. Das aber ist nur der Fall, wenn unsere Umwelt naturgesetzlich geregelt ist. In einer rein chaotischen Welt ohne Naturgesetze könnten wir weder etwas planen noch eigentlich verantwortlich handeln. Denn wir wüssten nie, was bei den jeweiligen Handlungsalternativen herauskommt.

Umgekehrt freilich können sich Naturgesetze auch negativ auswirken und gegen den Menschen kehren. Beispielsweise ermöglichen uns die Gesetze der Mechanik, Lastaufzüge und Brücken zu bauen. Dieselben Gesetze lösen aber auch Erdbeben und Flutkatastrophen aus. Das liegt in ihrer normalen Dynamik und bildet gleichsam die Schattenseite der Naturgesetze.

Bessere Naturgesetze?

Warum aber hat Gott dann die Welt nicht mit besseren Naturgesetzen ausgestattet? Als allmächtiger Gott hätte er das tun können! Und als gütiger Gott hätte er das eigentlich tun müssen! Wenn es zum verantwortlichen Handeln schon der Naturgesetze bedarf: Warum hat Gott diese Gesetze so fehlerhaft eingerichtet? Warum gibt es in der Welt diese schier endlose Menge von Gefahren und Unglücksfällen, von Katastrophen, Krankheiten und Gebrechen?

Diese Frage wiegt schwer. Wieder muss man sich die Umkehrung klar machen. Was wäre, wenn Gott eine Welt ohne natürliche Übel erschaffen hätte – eine Welt, in der es keine Gefahr gibt und keine Schmerzen, eine Welt, in der niemand zu Tode stürzen, ertrinken, hungern oder erfrieren kann? In einer solchen Welt könnte, genau betrachtet, niemand einem anderen Schaden zufügen. Es gäbe dazu ganz einfach keine Möglichkeit!

Und weiter: Nur aus der Erfahrung und Beobachtung natürlicher Übel lernen wir, wie wir anderen Schaden zufügen können. Dieses Argument darf nicht als zynisch missverstanden werden. Es verweist lediglich auf einen weiteren logisch notwendigen Zusammenhang. „Es muss", so stellt der Oxforder Theologe und Religionsphilosoph Richard Swinburne (geb. 1933) fest, „natürlicherweise vorkommende Übel (d. h. Übel, die nicht absichtlich vom Menschen verursacht sind) geben, wenn Menschen wissen sollen, wie sie selbst Übel herbeiführen oder verhindern können", und „es muss viele solcher Übel geben, wenn Menschen sichere Kenntnis davon haben sollen".[41]

Wieder liegt hier ein logisch notwendiger Zusammenhang vor. Denn wenn es weder Gefahr noch Schmerz gibt, können wir auch niemand in Gefahr bringen oder Schmerz zufügen. Wir hätten einfach keine Möglichkeit, die Naturgesetze auch zum Schaden anderer zu verwenden. Aber auch das Umgekehrte gilt. Wir hätten dann auch keine Möglichkeit, uns für das Gute zu entscheiden, etwa dadurch, dass wir jemand aus Gefahr retten, ihm in Not beistehen, eine drohende Katastrophe selbst unter Einsatz des eigenen Lebens abzuwenden suchen usw. Genau genommen könnten wir ohne die Existenz natürlicher Übel auch für niemand verantwortlich sein, weil für ihn ja keinerlei reale Gefahr für Leib und Leben besteht.

Sinn des Leids?

Bisher beschränkte sich die Argumentation darauf, die logischen Möglichkeitsbedingungen klar zu machen, an die auch Gott bei der Erschaffung freier, für ihr Handeln verantwortlicher Menschen gebunden ist (free will defence).
Worin besteht nun aber der Sinn des Leids? Zumindest fragen wir immer sofort auch danach. Mehr noch: Nur eine Theodizee, die darauf eine Antwort weiß, scheint glaubwürdig und tragfähig. Denn nur sie zeigt eine Perspektive auf, wie Leid und Übel konkret zu bestehen und zu bewältigen sind. Nur sie gibt Antwort, welches Ziel Gott mit seiner leidbehafteten Schöpfung vermutlich verfolgt und aus welchem Grund er überhaupt Leid und Übel zulässt.
Eine solche Sinndimension weist der Gedanke der menschlichen Persönlichkeitsbildung auf (person-making theodicy). Er basiert zwar völlig auf den bisher entwickelten Überlegungen, betont aber einen Aspekt, der bisher nur angeklungen ist. Danach setzen bestimmte höhere personale Werte bestimmte konkrete Leiderfahrungen voraus. Das gilt für den Bereich natürlicher Übel ebenso wie für den Bereich moralischer Übel.
Der Zusammenhang liegt wieder auf der Hand. Mut und Tapferkeit gibt es nur in einer Welt realer Gefahr. Und Reue und Verzeihen gibt es nur angesichts realer Schuld. Und weiter: Nur wo Not ist, gibt es Mitleid, nur in Schwierigkeiten wächst Beharrlichkeit, nur wo Krank-

heit herrscht, gibt es Geduld, und Vertrauen gibt es nur angesichts von Ungewissheit.

Diese Beispiele genügen, um klar zu machen, worauf es ankommt. Alle diese zentralen menschlichen personalen Werte setzen die Erfahrung und konkrete Bewältigung von Leid und Übel voraus. Und dieser Zusammenhang ist wieder ein logisch notwendiger. Darin besteht auch wieder die Stichhaltigkeit dieser weiterführenden Überlegung. Sie betrifft zugleich die gesamte Bandbreite natürlicher und moralischer Übel.

Denn nur eine Welt voller natürlicher Gefahren, nur eine Welt menschlich-schuldhaften Versagens ermöglicht die Entwicklung derjenigen moralischen, geistigen und spirituellen Werte, die den Menschen zum Menschen machen und um derentwillen es sich zu leben lohnt. In einer Paradieseswelt gäbe es weder eine Mutter Teresa noch einen Franz von Assisi. Beide wären dort nicht nur überflüssig, sondern sie hätten sich überhaupt nicht zu dem entwickeln können, was uns an ihnen fasziniert. Sie personifizieren aber diejenigen Persönlichkeitswerte, die wir zu den höchsten Möglichkeiten wahren Menschseins rechnen und die uns Vorbild sind.

Diesen Zusammenhang zwischen Leiderfahrung und der Ausprägung höherer personaler Werte kann man nun zugleich in religiöser Perspektive lesen. Danach schuf Gott nicht eine fertige Paradieseswelt. Sondern er schuf eine evolutive Werdewelt. Darin sollten sich sittlich qualifizierte Personen entwickeln. Darin sollten sich Personen entwickeln, die einen moralischen, seelischen und geistigen Reifungsprozess durchmachen und damit zu dem werden, was sie vor Gott werden sollen. Das ganze Leben des Menschen mit seinem ganz konkreten Schicksal wird somit verstehbar als Weg zu diesem Ziel der personalen Reifung von Seele und Charakter.

Entscheidend ist dabei der Gedanke, dass dieser seelisch-geistige Entwicklungsprozess ohne Leiderfahrung nicht möglich ist. Entscheidend ist auch der Gedanke, dass in diesem Persönlichkeitsbildungsprozess die freie Einsicht des Menschen die zentrale Rolle spielt. Zugleich wird noch etwas deutlich. Menschliche Willensfreiheit ist kein Selbstzweck. Sondern sie ist ihrerseits noch einmal auf ein Ziel hingeordnet, nämlich auf die personale Vollendung des Menschen, die eben diesen evolutiven, leidbehafteten Prozess logisch notwendig voraussetzt.

Wird das Leid damit nicht verherrlicht? Und sollte man sich nicht um Leidvermehrung bemühen, nämlich um die Chancen des dadurch ermöglichten Seelenbildungsprozesses zu erhöhen?

Auch wenn solche Fragen nahe liegen, verfehlen sie den Kern des Arguments. „Menschen sollen nicht im Leid wachsen, sondern im Kampf gegen das Leid – sei es ihr eigenes oder das anderer Lebewesen", stellt der Theologe Armin Kreiner auf einfache Weise klar.[42] Alles andere führt zu Fehleinstellungen dem Leid gegenüber. Wir sollen das Leid nicht suchen. Das wäre krankhaft. Aber wir sollen dem Leid, mit dem wir, ohne dass wir es suchen müssten, immer auf vielfache Weise im Leben konfrontiert werden, standhalten – und wenn möglich, an ihm reifen.

Wieder könnte man fragen: Warum hat Gott den Menschen nicht gleich als solche sittlich gereifte Person erschaffen? Warum hat er ihm nicht den leidvollen Umweg dieses Werdeprozesses erspart? Die Antwort auf diese Frage dürfte nunmehr klar sein. Aus logischen Gründen hätte Gott das nicht tun können. Denn es ist ein Unterschied, ob Gott den Menschen von Anfang an als vollkommen gut erschafft, oder ob der Mensch seine Bestimmung zum Guten noch einmal selbst in der Hand hat. Es ist ein Unterschied, ob der Mensch automatisch das Gute tut, oder ob er sich aus eigener Anstrengung gegen vielfache Widerstände, auch gegen die eigenen negativen Neigungen, schließlich frei für das Gute und für Gott entscheidet.

Ausmaß des Übels?

Wieder bleiben Anfragen. Zuerst die Frage nach dem Ausmaß des Übels. Wären dieselben seelischen Entwicklungsmöglichkeiten nicht mit einem weitaus geringeren Maß an Übel gewährleistet? Warum gibt es so viel und so schlimmes Leid?
So nahe liegend und berechtigt diese Frage erscheint: Man kommt mit ihr nicht weiter. Denn wenn es keinen bösartigen Krebs als schlimmstes Übel gäbe, würden wir eben etwas anderes als schlimmstes Übel ansehen, das in einer von Gott geschaffenen Welt nicht vorkommen dürfte. Damit würde man schließlich zu einer Welt kommen, in der es gar keine Übel mehr gibt.
Daher muss man die Frage umkehren. Ist unsere Welt eine Welt mit den schlimmsten vorstellbaren Übeln? Das wäre dann der Fall, wenn Menschen einander endlos quälen könnten oder wenn es ewig dauernde schmerzvollste Krankheiten gäbe. Eine solche Welt ist logisch vorstellbar. Ihre Existenz würde den Glauben an einen guten Gott faktisch als falsch erweisen. Aber unsere Welt ist keine solche Welt. Zumindest hat Gott in ihr vor allem eine Sicherheitsschranke eingebaut, den Tod.
Wieder darf dieser Gedanke nicht als zynisch missverstanden werden. Er soll nur klarstellen, dass tatsächlich ein Ausmaß an Übel und Leid vorstellbar ist, das eindeutig gegen den Glauben an Gott spricht, dass aber unsere Welt nicht von dieser Art ist.

Persönlichkeitszerstörendes Leid?

Viel schwerer wiegt daher eine andere Anfrage. Zerbrechen nicht zu viele Menschen am Leid, so dass der beabsichtigte Persönlichkeitsbildungsprozess in Wirklichkeit gar nicht bzw. in nur sehr eingeschränkter Weise stattfindet? Ist die Welt als Ort der Seelenbildung nicht eher als eine gigantische Fehlkonstruktion anzusehen? Und was ist mit dem Leid der Tiere?

Diese Fragen klingen vernichtend. Tatsächlich liegt im Vorkommen solcher völlig funktionslosen Übel das eigentliche Problem der bisher entwickelten Theodizee.[43] Denn welchen Persönlichkeitsbildungseffekt hat ein bösartiger Gehirntumor, der die Persönlichkeit des Betreffenden nacheinander auflöst? Und können zu viele Enttäuschungen einen Menschen nicht zerstören und in seinem Charakter böse machen? Danach gibt es offensichtlich Formen von Leid, die ausschließlich destruktiv wirken und in keinen Zusammenhang mit einem Persönlichkeitsbildungseffekt zu bringen sind, jedenfalls in keinen erkennbaren.

Man muss aber nicht einmal auf solche Extremfälle zurückgreifen. Denn dasselbe Problem stellt sich bereits bei viel weniger gravierenden Fällen. Denn welchen Persönlichkeitsbildungsprozess macht das neugeborene Kind durch, das stirbt? Und kehren nicht viele Menschen am Ende ihres Lebens „ungebessert" zu sich selbst zurück?

Wie es scheint, bleibt der Persönlichkeitsbildungseffekt vielfach aus, der allein so etwas wie eine Sinndimension des Leids garantiert. Scheitern die gesamten bisherigen Überlegungen, so einleuchtend und stichhaltig sie erscheinen, nicht genau an diesem Punkt?

Zwei Antworten stehen hier offen. Was wäre, wenn jede Form von Leid eindeutig einem guten, höheren Ziel dienen würde? Was wäre, wenn es überhaupt kein ungerechtes und unverdientes Leid gäbe? Würden wir dann überhaupt gegen das Leid ankämpfen? Eigentlich hätten wir dazu weder einen Grund noch ein Motiv.

In einer Welt ohne ungerechtes Leid gäbe es auch kein eigentliches Mitleid mehr. Denn wenn Leid die gerechte Strafe von Sünde und unmoralischem Handeln ist: Warum sollten wir dann dem Betreffenden helfen oder Sympathie für ihn empfinden? Warum sollten wir auch nur irgendetwas opfern und einsetzen, wenn Leid immer einem „höheren" Zweck dient?

Trotzdem bleibt der zuvor erhobene Einwand bestehen. Danach wird die Welt einerseits als Ort angesehen, an dem sich Menschen zu seelischen und geistig reifen Persönlichkeiten entwickeln können. Anderseits straft die Erfahrung diese Sicht größtenteils Lügen. Denn der unterstellte Persönlichkeitsbildungsprozess findet entweder gar nicht oder nur rudimentär statt.

Daher funktioniert diese Theodizee auch nur, wenn man den Gedanken der Eschatologie hinzunimmt, d. h. den Gedanken des Fortlebens nach dem Tod. Nur in einem Leben nach dem Tod kann gleichsam zur Fortsetzung bzw. zum Ausgleich gelangen, was hier unvollendet bleibt. Nur in einem Leben nach dem Tod kann sich zeigen, inwiefern auch das scheinbar ungerechte und persönlichkeitszerstörende Leid Gottes guten Schöpfungszielen dient.

Ergebnis

Alles in allem gibt es keine glatte Lösung für das Theodizeeproblem. Auch die Theologie kann eine solche nicht bieten. Immer bleiben Fragen übrig. Und gerade das zuletzt nötig gewordene Zusatzargument des Ausgleichs und der Weiterentwicklung nach dem Tod mindert den argumentativen Wert der vorgetragenen Überlegungen ein wenig. Denn es setzt die Existenz Gottes voraus, die durch das Theodizeeproblem ja gerade in Frage gestellt wird. Man kann also die atheistische Behauptung, dass das Leid der Welt den Glauben an Gott ausschließt, nicht direkt entkräften.

Aber eines leisten die vorgetragenen Überlegungen dennoch. Sie zeigen, inwiefern zwischen der Existenz einer leidbehafteten Welt und der Existenz eines allmächtigen, vollkommen guten Gottes zumindest kein Widerspruch der Art besteht, dass der Gottesglaube damit als definitiv falsch erwiesen ist. Danach schuf Gott freie, für ihr Tun verantwortliche Wesen, und ließ als logische Konsequenz davon Übel und Leid zu. Ferner schuf Gott eine evolutive Werdewelt, worin Leidbewältigung eine persönlichkeitsformende Kraft und damit eine

Sinndimension besitzt. So könnte man zusammenfassend sagen.

Leid und Übel in der Welt hätten damit eine Rechtfertigung. Zugleich ist damit eine mögliche Sinndimension im Umgang mit Leid ausgewiesen. Dass das konkret zu bestehende Leid immer Fragen aufwirft, gehört zur Situation des Glaubens, der sich gerade im Leid bewähren muss, nämlich als Vertrauen darauf, dass Gott um den letzten Sinn des Leids weiß und ihn uns am Ende der Zeit offenbart. Die vorgetragene theologische Theodizee aber zeigt, dass dieses Glaubensvertrauen berechtigt ist.

Naturwissenschaft und Theologie

Heute sieht man es weit gehend als offenes Geheimnis an: Die moderne Naturwissenschaft hat das biblische Weltbild so ziemlich in allen Zügen als falsch erwiesen. Nicht Gott hat die Sterne und Planeten erschaffen. Sondern sie sind entstanden infolge des Urknalls und der allmählichen Abkühlung des Universums. So lehrt uns die Astrophysik. Nicht Gott hat den Menschen geschaffen. Sondern er ist Produkt der jahrmillionenlangen biochemischen Evolution auf Erden. So lehrt uns die Evolutionsbiologie. Und die moderne Hirnforschung schickt sich an, das Bewusstsein und die Seele des Menschen zu erklären, und zwar als Funktion der neuronalen Prozesse, die in unserem Gehirn ablaufen.

Wo also sollte Gott noch wirken, wenn alles ohne ihn genauso gut erklärbar scheint? Das Universum ist naturgesetzlich geregelt und entsprechend auch vollständig naturgesetzlich erklärbar. Hat es da überhaupt noch einen Sinn zu behaupten, Gott greife in die Natur ein und lenke sie? Wo sollte dafür überhaupt noch Platz sein?

Der Physiker Bernulf Kanitscheider (geb. 1939) charakterisiert diese neue Situation so: „Manche Theologen glauben immer noch, dort, wo es kompliziert wird und noch nicht alles bekannt ist, eine Stelle finden zu können, ... an der nur eine supranaturalistische Beschreibung weiterhelfen kann", d. h. eine Erklärung des betreffenden Ereignisses durch Gott.[44] Man spricht hier vom Lückenbüßer-Gott, der angeblich immer dort am Werk ist, wo naturwissenschaftliche Erklärungen versagen. Aber ist die Naturwissenschaft nicht dabei, solche Erklärungslücken zu schließen? Und wird angesichts des enormen naturwissenschaftlichen Wissensfortschritts Gott nicht zunehmend überflüssig zur Erklärung des Universums und des Lebens in ihm?

Konflikt

Mittelalterliches Weltbild

Im christlichen Mittelalter war das noch anders. Dort konnte man Naturwissenschaft und Glauben noch mühelos miteinander verbinden. So führte der erste große Naturwissenschaftler des Mittelalters, der Dominikanerpater Albert der Große (1206-1280), eine Missgeburt nicht zurück auf das böswillige Wirken von Dämonen, wie man zu Alberts Zeit noch vielfach glaubte. Sondern er suchte sie zu erklären durch Störungen im normalen Entwicklungsablauf des Kindes. Auch eine Naturkatastrophe verstand Albert nicht als Strafe Gottes. Sondern er führte sie zurück auf das ganz natürliche Wirken der betreffenden Naturgesetze.

Aber eines stand für Albert außer Frage. Auch wenn die Natur naturgesetzlich funktioniert und entsprechend naturgesetzlich erforschbar ist: Gott ist der Schöpfer, Lenker und Ordner der Natur. Und diese Überzeugung, dass Gott ständig in der Natur wirkt, schien sich direkt zu bestätigen in der mittelalterlichen Lehre vom Kosmos. Das griechische Wort Kosmos bedeutet Ordnungsgefüge. Man bezeichnete das Universum als Kosmos, weil man sich das Universum als göttliches Ordnungsgefüge vorstellte. Gott selbst hat diesen Kosmos geschaffen und Gott ist auch fortwährend tätig im Kosmos. Wie das genau geht, machte man sich mit Hilfe der Physik von Aristoteles (384-322 v. Chr.) klar.

Nach Aristoteles gibt es vier Elemente: Luft und Feuer, Wasser und Erde. Diese Elemente haben bestimmte Eigenschaften. Luft und Feuer sind leicht und streben nach oben. Wasser und Erde hingegen sind schwer und fallen nach unten. Mit „unten" versteht Aristoteles den Mittelpunkt des Universums, die Erde. Sie ist selbst aus den schweren Elementen gebildet, und alles Schwere fällt auch auf sie herunter. Mit „oben" dagegen meint Aristoteles den Himmel. Er ist aus den leichten Elementen gebildet, und alles Leichte steigt auch nach oben.

90

Aus dieser aristotelischen Elementenlehre folgt daher ganz selbstverständlich, dass das Universum eine Kugelgestalt hat. Darin bildet die Erde, gleichsam als Sammelort alles Schweren, den Mittelpunkt. Um die Erde als Zentrum kreist alles Übrige, der Mond, die Sonne, die Planeten und schließlich die Fixsterne.

Hinzu kommt die aristotelische Bewegungslehre. Sie vervollständigt diese Sicht. Danach strebt alles Schwere nach unten und alles Leichte nach oben, und zwar so lange, bis es dort zur Ruhe kommt. Das hätte nun aber zur Folge, dass im Kosmos längst alles zum Stillstand gekommen wäre und die umkreisenden Planeten mitsamt der Sonne längst auf die Erde gefallen wären. Um daher die fortgesetzte Bewegung im Kosmos erklären zu können, musste Aristoteles einen ersten unbewegten Beweger einführen. Nur er ist im Stande, die Bewegung im Kosmos aufrechtzuerhalten. Denn wenn die leichten und schweren Elemente nur sich selbst und ihrem Bewegungsimpuls überlassen wären, wäre der Kosmos längst in sich zusammengestürzt.

Wie daher aus der physikalischen Elementenlehre des Aristoteles folgt, dass die Erde im Mittelpunkt steht, folgt aus seiner physikalischen Bewegungslehre die Existenz eines göttlichen Bewegers, der alles in Gang hält.

Aus zwei Gründen gewann diese Sicht für das Mittelalter zentrale Bedeutung. Erstens lieferte Aristoteles die modernste Physik, die damals zur Verfügung stand. Noch wichtiger aber war zweitens, dass die aristotelische Lehre vom Kosmos (Kosmologie) direkt mit der Offenbarung der Heiligen Schrift übereinstimmte. Denn die Vorstellung des unbewegten Bewegers ließ sich mühelos identifizieren mit dem personalen Schöpfergott der Bibel. Und insofern die Existenz Gottes schon aus rein naturwissenschaftlichen Gründen gefordert war, führte die Naturwissenschaft nahtlos in die Theologie hinüber. Gott wird bereits naturwissenschaftlicherseits benötigt, damit der Kosmos nicht in sich zusammenstürzt. Physik und Theologie passten direkt zusammen.

Kugelkosmos

Die Physik also bestätigte von sich aus den Glauben, dass es Gott gibt, dass allein er den Kosmos in Bewegung hält und so fortwährend in der Natur wirkt und sie lenkt. Auch der Geozentrismus, d. h. die naturwissenschaftliche Vorstellung, dass die Erde den Mittelpunkt des Universums bildet, passte direkt zur christlichen Vorstellung, dass die Erde und der Mensch das eigentliche Ziel von Gottes Schöpfung sind. Denn das, worauf es Gott mit seiner Schöpfung, mit seiner Erlösung und seinem Heil eigentlich ankommt, kann sich nicht lediglich am Rande des Kosmos abspielen, sondern muss im Zentrum stehen. So empfand der Glaube. Die aristotelische Physik aber lieferte dafür zugleich den naturwissenschaftlichen Beleg.

Auch die naturwissenschaftliche Vorstellung, dass sich Sonne, Planeten und Sterne in perfekten Kreisbahnen um die Erde bewegen, passte direkt zur theologischen Vorstellung, dass Gott den Kosmos mit einer perfekten Ordnung ausgestattet hat. In Antike und Mittelalter galt die Kreisbahn als Ausdruck vollkommener Bewegung. Aber nur Gott kann die Sterne auf so vollkommenen Bahnen bewegen. Zudem ist es gar nicht anders zu erwarten, als dass Gott seinen Kosmos mit so perfekten Bewegungen ausstattet. Sie spiegeln nur Gottes eigene Vollkommenheit in seiner Schöpfung wider. Denn wenn Gott schafft, dann schafft er nach den ewigen Plänen seiner allwissenden Weisheit. Wieder lieferte dafür die aristotelische Physik zugleich den naturwissenschaftlichen Beleg.

Hinzu kommt noch etwas. Der aristotelisch-mittelalterliche Kugelkosmos war in Schalen aufgebaut. Die Erde bildete darin den Mittelpunkt, um sie kreisen Sonne, Mond und Planeten, dann folgen die Schalen der Fixsterne, und schließlich wird alles umfasst von der abschließenden „Sphäre" Gottes und seiner himmlischen Heerscharen. Alles in allem ergab sich damit ein Bild tiefer gläubiger Geborgenheit. Der göttliche Kugelkosmos war nicht nur überschaubar, sondern er lag gleichsam in Gottes Händen. Alles in ihm geschah unter dem fürsorgenden Blick Gottes. Nichts konnte verloren gehen.

Und was entscheidend war: Diese Kugelkosmos-Vorstellung wurde durch die beste damals erhältliche Physik, nämlich die des Aristoteles, ebenso bestätigt wie durch die Offenbarung der Heiligen Schrift selbst. Als klassische Belegstellen führte man den Schöpfungsbericht der Genesis (1,17) und die Psalmen (104,5 u. 19) an, vor allem aber das Buch Josua, wo Josua in der Schlacht der Israeliten gegen die Amoriter der Sonne befahl stillzustehen, und sie „stand still" (Jos 10,12). Das war auch der Grund dafür, warum diese Vorstellung vom Kugelkosmos, das mittelalterliche „Standardmodell" des Universums, jahrhundertelang unangefochten blieb. Naturwissenschaft, Offenbarung und Theologie bestätigten sich hier nicht nur gegenseitig, sondern bildeten eine selbstverständliche Einheit miteinander.

Kopernikus, Kepler, Galilei, Newton, Darwin

Die moderne experimentelle Naturwissenschaft freilich erwies dieses Weltbild nach und nach als falsch.[45] Der Ermländer Domherr Nikolaus Kopernikus (1473-1543) hatte in seinem astronomischen Hauptwerk (De revolutionibus orbium coelestium, 1543) erstmals ausdrücklich den Heliozentrismus vertreten, d. h. die Annahme, dass die Sonne (= griechisch: „helios") im Mittelpunkt des Kosmos steht und die Erde um die Sonne kreist. Kopernikus wies nach, dass das heliozentrische Weltmodell die mathematische Berechnung der Planetenbewegungen enorm vereinfacht. Das sprach umgekehrt für seine Richtigkeit.

Daran anschließend hatte der Regensburger Mathematiker und Astronom Johannes Kepler (1571-1630) die drei Planetenbahngesetze entdeckt (Astronomia nova, 1609; Harmonices mundi, 1619). Danach bildet (1) die Sonne den Brennpunkt der elliptischen Planetenbahnen, überstreichen (2) die Linien Sonne und Planeten in gleichen Zeiten gleiche Flächen, woraus die unterschiedlichen Bahngeschwindigkeiten der Planeten resultieren, und verhalten sich (3) die Quadrate der Umlaufzeiten der Planeten wie die dritten Potenzen ihrer großen Bahnhalbachsen. Mit diesen drei Gesetzen hatte Kepler faktisch den kopernikanischen Heliozentrismus bewiesen.

Hinzu kamen die Entdeckungen des italienischen Astronomen Galileo Galilei (1564-1642). Mit seinem Fernrohr wies er nach, dass die Venus genauso verschiedene Beleuchtungsphasen hat wie der Mond. Diese wechselnde Beleuchtung durch die Sonne lässt sich aber, so Galilei, am besten dadurch erklären, dass die Venus eben um die Sonne kreist und nicht um die Erde. Galilei belegte damit nur noch einmal, dass die Sonne das Rotationszentrum bildet, um das alle Planeten und auch die Erde kreisen (Dialog über die beiden hauptsächlichen Weltsysteme, 1632).

Schließlich formulierte Isaak Newton (1643-1727) das Trägheitsprinzip, das bis heute zum Grundprinzip moderner Physik gehört. Es besagt, dass jeder Körper, solange keine äußere Kraft auf ihn einwirkt, in der Ruhe oder in der Bewegung verharrt, in der er sich gerade befindet. Newton brauchte also zur Erklärung der Bewegung im Kosmos nicht, wie Aristoteles, einen ersten unbewegten Beweger, der verhindert, dass der Kosmos zusammenstürzt. Sondern man kann von nun an mit Hilfe von Newtons Trägheitsprinzip die Bewegung der Planeten völlig ohne Gott erklären. Danach folgen die Planeten lediglich ihrem eigenen Bewegungsimpuls, der so lange erhalten bleibt, wie keine äußere Kraft einwirkt. Hinzu kam Newtons Entdeckung des Gravitationsgesetzes. Danach ziehen sich Massen an und nimmt ihre Anziehungskraft im Quadrat zur Entfernung ab. Alles in allem war damit eine gewaltige Vereinheitlichung vorgenommen. Denn mit seinem Trägheitsprinzip und Gravitationsgesetz konnte Newton schließlich den Aufbau und die Bewegung des Universums insgesamt erklären.

Dieser gewaltige Erklärungserfolg der neueren Naturwissenschaft hatte freilich das alte Weltbild und den
damit verbundenen Glauben völlig zerstört. Was blieb
noch übrig von der Vorstellung des mittelalterlichen
Kugelkosmos, der direkt von Gott geschaffen und in
Bewegung gehalten wurde und der so tiefe religiöse
Geborgenheit vermittelte?
Denn die Erde als Ziel von Gottes Schöpfung war aus
ihrem Zentrum gerissen. Die Vorstellung der Kreisbahnen mit konstanter Geschwindigkeit, die man als Spiegelbild göttlicher Vollkommenheit verstand, war ersetzt
durch elliptische Bahnen. Die Planetenbewegungen, die
man der aristotelischen Physik entsprechend unmittelbar auf Gott zurückführte, waren fortan erklärbar durch
die Wirkung rein mechanischer Kräfte und deren dyna-
misches Gleichgewicht. Und auch die Vorstellung, dass
der Kosmos, je weiter er an die Sphäre Gottes heran-
reicht, um so vollkommenere Gesetze aufweist, erwies
sich endgültig als falsch. Denn, wie Newtons Physik
zeigte, herrschen überall im Universum dieselben eher-
nen Gesetze.
Eine letzte Ernüchterung brachte schließlich die Evolutionstheorie von Charles Darwin (1809-1882). Danach
verdanken sich die höheren Organismen und Lebens-
formen auf der Erde, darunter auch der Mensch, gar
nicht der direkten Erschaffung durch Gott. Sondern sie
entwickelten sich unter dem Druck der rein natürlichen
Auswahl im Kampf ums Dasein, wobei sich eben die
jeweils überlebenstüchtigere Art auf Kosten der anderen
durchsetzt (Die Entstehung der Arten durch natürliche
Zuchtwahl, 1859).

Irrte die Bibel?

Der Konflikt zwischen Theologie und Naturwissenschaft
war damit vorgegeben. Denn die vernichtende Konsequenz von Heliozentrismus und Evolutionstheorie war,
dass die Heilige Schrift ganz offensichtlich Fehler ent-

hält. Denn wenn das heliozentrische Weltbild richtig ist, dann sind die anders lautenden biblischen Belegstellen falsch. Und wenn die Evolutionstheorie zutrifft, dann ist der Genesisbericht falsch, wonach Gott alle Arten, Pflanzen, Tiere und den Menschen, unverändert am Anfang der Zeit (Konstanztheorie) erschaffen hat.

Nach damaligem Schriftprinzip verstand man diese Aussagen der Heiligen Schrift als wortwörtliche Tatsachenberichte. Man hielt sie deshalb für absolut wahr, weil sie direkt von Gott selbst geoffenbart waren. Gott aber ist allwissend und kann sich nicht irren. Daher können in der Heiligen Schrift gar keine Fehler enthalten sein! Nichts weniger als dieses Schriftprinzip und den daraus folgenden Anspruch der Irrtumsfreiheit (Inerranz) der Bibel stellte die Naturwissenschaft mit ihren neuen Entdeckungen und Theorien in Frage.

Erst auf diesem Hintergrund wird die strikte Ablehnungshaltung der Kirche verständlich. Für sie ging es um die Wahrheit der Heiligen Schrift. Als Gotteswort konnte sie keine Fehler enthalten. Und wenn sie an einer Stelle nachweislich irrt: Was garantiert dann, dass sie nicht auch an anderen Stellen irrt, und zwar gerade an den Stellen, bei denen es um die zentralen Offenbarungs- und Glaubenswahrheiten geht?

Kardinal Robert Bellarmin (1542-1621) brachte in seiner berühmten Briefstelle an den Galilei Schüler Antonio Foscarini, einen Karmelitenprovinzial, den Streit auf den Punkt: Galileis Weltmodell sei deshalb so gefährlich, weil es „dem heiligen Glauben abträglich ist, da es die Heilige Schrift als falsch darstellt".[46] Jahrhundertelang hielt die Kirche an dieser Meinung fest. So forderte Papst Leo XIII. (1878-1903), man müsse im Glauben festhalten, dass alle naturwissenschaftlichen Ergebnisse, die der Bibel widersprechen, eben falsch sind. Und selbst noch Papst Pius X. (1903-1914) untersagte der theologisch-wissenschaftlichen Bibelforschung (Exegese) ausdrücklich, den Genesisbericht anders zu deuten denn als wortwörtlichen historischen Tatsachenbericht.[47]

Mit einem Schlag also waren naturwissenschaftliches und theologisches Wirklichkeitswissen auseinander gebrochen. Mit einem Schlag schienen sich Glauben und Naturwissenschaft direkt zu widersprechen. Man wusste nicht mehr, wie beide zusammenpassen sollten. Denn entweder hatte der Glauben Recht oder die Naturwissenschaft. Beide miteinander konnten nicht gleichzeitig wahr sein.

Beide Seiten also waren hier hart aufeinander geprallt war. Und jahrhundertelang bekämpfte die Kirche die Naturwissenschaft als Zerstörerin des Glaubens. Umgekehrt verachtete die Naturwissenschaft die Theologie als zutiefst wissenschafts- und vernunftfeindlich. In dieser gegenseitigen Feindschaft und Verachtung bestand auch das vorläufige Ergebnis dieser ersten Auseinandersetzung zwischen moderner Naturwissenschaft und Theologie.

Allerdings muss man im Urteil gerecht bleiben. Andernfalls verkennt man die reale historische Situation. Denn die moderne Naturwissenschaft stellte nichts weniger in Frage als die absolute Wahrheit der Offenbarung der Heiligen Schrift. Sie griff also an die Wurzeln des Glaubens. Die Kirche aber war diesem Angriff zunächst in keiner Weise gewachsen. Zu viele Korrekturen auf einmal musste sie vornehmen. Dazu war die damalige Theologie schlichtweg überfordert. Es bedurfte einer längeren Entwicklung, um das moderne naturwissenschaftliche Weltbild in seinen theologischen Konsequenzen wirklich zu erfassen und aufzuarbeiten.

Freilich bleibt der Vorwurf, dass die Theologie dazu nur sehr zögerlich bereit war. Sie manövrierte sich nach und nach in eine völlig unhaltbare Position hinein. Denn ihre Haltung: „Die moderne Naturwissenschaft irrt, weil es in der Bibel anders steht", mochte zwar eine Zeit lang angehen. Sie musste aber vor den wachsenden naturwissenschaftlichen Erklärungserfolgen schließlich hoffnungslos naiv wirken. Zuletzt war diese Haltung nur mehr möglich um den Preis der Vernünftigkeit des Glaubens. Denn konnte man dem Gläubigen wirklich auf

Dauer zumuten, dass er als Christ ganz andere Dinge für wahr halten soll, denn als aufgeklärter naturwissenschaftlich denkender Gegenwartsmensch?

Rehabilitation Galileis durch Papst Johannes Paul II.

Um der Vernünftigkeit und Glaubwürdigkeit des Glaubens willen musste sich die Kirche schließlich zu den längst fälligen Korrekturen entschließen. Sie ließen sich auch relativ einfach vornehmen. Freilich bedurfte das noch vieler Kämpfe. Aber im Nachhinein betrachtet waren diese von der Naturwissenschaft geforderten Korrekturen für die Theologie nur von Vorteil.

Papst Johannes Paul II. gesteht das in seiner Rehabilitation Galileis zu dessen 350. Todestag auch freimütig ein. Denn die naturwissenschaftlich geforderte „Umwälzung machte ... eine Reflexion darüber notwendig, wie die biblischen Wissenschaften zu verstehen sind, ein Bemühen, das später überreiche Früchte für die modernen exegetischen Arbeiten bringen sollte". Und „merkwürdigerweise zeigte sich Galilei", so der Papst wörtlich, „als aufrichtig Glaubender in diesem Punkt weitsichtiger als seine theologischen Gegner."[48] Denn Galilei schlug schon damals vor, dass ja möglicherweise nicht die Bibel irrt, sondern diejenigen, die sie auslegen.

Tatsächlich wies Galilei damit in die richtige Richtung, ohne freilich zu wissen, worin die hier fällige Korrektur genau bestand, die heute für die Theologie so selbstverständlich ist, dass sie gar nicht mehr weiter bewusst wird. So definiert das II. Vatikanische Konzil in seiner Offenbarungskonstitution vom Jahr 1965, Gott habe in der Heiligen Schrift „durch Menschen nach Menschenart gesprochen".[49]

Damit verabschiedet das Konzil das alte Schriftprinzip, das zur Zeit Galileis, Darwins und darüber hinaus vertreten wurde und das sich eben unter dem Druck der modernen Naturwissenschaft als korrekturbedürftig erwies, nämlich die Deutung der Bibel als direktes wortwörtliches Diktat Gottes, das entsprechend keinen Irrtum enthalten kann. Demgegenüber geht die moderne historisch-kritische Exegese von dem viel realistischeren Prinzip aus, dass die Heilige Schrift von Menschen geschrieben ist. Die Bibel bezeugt zwar eine echte Offenbarung Gottes und ist darin „inspiriert". Aber die „heiligen Schriftsteller" (Hagiographen) des Alten und Neuen Testaments konnten diese Offenbarung Gottes eben nicht anders ausdrücken als in ihrer menschlich unzulänglichen Sprache und mit ihrem menschlich unzulänglichen Wissen.

Das erklärt auch die offensichtlichen „Fehler" der Bibel, etwa die völlig unzulänglichen Vorstellungen des Genesisberichts über die Entstehung des Universums, über die Evolution des Lebens usw. Aber solche „Fehler" der Bibel lassen sich leicht beheben, wenn man bei den jeweiligen Aussagen unterscheidet zwischen wortwörtlicher Formulierung und ihrem eigentlichen Sinngehalt.

Beispielsweise drückt der Genesisbericht die Glaubensüberzeugung aus, dass die Welt von Gott geschaffen ist, dass Gott ihren Lauf lenkt und zu einem gottbestimmten Ziel führt. Was aber diese theologische Aussage betrifft, ist es völlig zweitrangig, ob man sich die Welt nun als mittelalterlichen Kugelkosmos vorstellt oder als evolvierendes Universum, wie das die moderne Astrophysik tut. Die Arbeit der modernen theologisch-exegetischen Bibelforschung besteht heute daher auch primär darin, den jeweiligen wahren Aussagegehalt der Heiligen Schrift herauszufinden und zu erheben.[50]

Determinismus

Entbehrlichkeit Gottes?

Dieses erste Problem des Umgangs mit den vermeintlichen „Fehlern" der Bibel, nimmt sich daher noch verhältnismäßig harmlos aus. Viel schwieriger ist das zweite Problem, mit dem die moderne Naturwissenschaft die Theologie konfrontiert. Es besteht in der Frage, wo Gott im naturwissenschaftlichen Universum eigentlich noch Platz hat. Ist er für die Erklärung des Universums nicht längst entbehrlich geworden?

Völlig zutreffend stellt der amerikanische Nobelpreisträger für Elementarteilchenphysik, Steven Weinberg (geb. 1934), fest: „Es scheint mir eine ungemein bedeutsame Entdeckung zu sein, dass wir bei der Erklärung der Welt sehr weit kommen, ohne uns auf göttliche Interventionen zu berufen – und zwar in der Biologie ebenso wie in den physikalischen Wissenschaften."[51]

Newtons Trägheitsprinzip zeigte, dass man Gott nicht mehr braucht, um die Bewegung im Universum zu erklären. Darwins Evolutionstheorie zeigte, dass man Gott nicht mehr braucht, um die Entstehung des Lebens zu erklären. Und durch die moderne Astrophysik wissen wir längst, dass die Erde jedenfalls keinen besonderen Platz im Universum einnimmt. Sie rotiert um die Sonne am Rande der Milchstraße irgendwo im immer weiter expandierenden Universum, das weder überschaubar ist noch auch nur irgendeine Art Geborgenheit vermittelt. Im Gegenteil. Bildet das Leben nicht eher die Ausnahme im Universum? Herrscht nicht nur wenige Kilometer außerhalb der Erdatmosphäre der Strahlentod des leeren Raumes? Das Universum scheint eher lebensfeindlich eingerichtet. Und die Erde bildet eher eine zufällige Oase lebensfreundlicher Bedingungen.

Das ist das nüchterne Bild, das uns die moderne Naturwissenschaft vom Universum vermittelt. Mensch und Erde bilden darin alles andere als den Mittelpunkt, den Gott auserwählt hat und um den herum er alles Übrige wohlgefällig anordnete. Das konnte man noch im Mittelalter so glauben. Heute wissen wir, dass es falsch ist.

Trifft daher nicht zu, was der französische Biochemiker und Nobelpreisträger Jacques Monod (1910-1976) über das Lebensgefühl des modernen Menschen sagt: „Er weiß nun, dass er seinen Platz wie ein Zigeuner am Rande des Universums hat, das für seine Musik taub ist und gleichgültig gegen seine Hoffnungen, Leiden und Verbrechen."[52] Verstärkt wird dieses Gefühl dadurch, dass Gott offenbar gar nicht mehr nötig ist zur Erklärung des naturwissenschaftlichen Universums. Das Universum ist naturgesetzlich geregelt. Es erscheint zunehmend als geschlossenes Regelsystem, das gänzlich ohne Gott funktioniert und ohne ihn ebenso gut erklärbar ist.

Kausale Geschlossenheit

Zunächst erscheint die Behauptung, dass in der Natur Naturgesetze wirken, völlig harmlos. Gehen wir nicht zu Recht davon aus, dass unsere Umwelt naturgesetzlich geregelt ist? Wasser kocht, wenn wir es auf hundert Grad Celsius erhitzen. Und wenn wir uns zu weit aus dem Fenster lehnen, stürzen wir hinunter. Alles das trifft ein, weil wir in einer Welt leben, in der ganz bestimmte Naturgesetze herrschen.

Ein Naturgesetz aber ist ein Naturgesetz genau dadurch, dass es ausnahmslos gilt. Naturgesetze können nicht einmal wirken und einmal nicht. Andernfalls könnten wir nie wissen, was passiert. Ferner gäbe es überhaupt keinen Sinn, Naturwissenschaft zu treiben. Denn ihr Ziel besteht darin zu erforschen, aufgrund welcher Ursachen welche Wirkungen zustande kommen. Wenn wir das wissen, können wir auch erklären, warum etwas so und nicht anders eintrifft. Wir können dieses Wissen auch technisch nutzen und uns in Form von Maschinen die Kräfte der Natur dienstbar machen.

Außerdem können wir exakte Vorhersagen darüber machen, was unter gegebenen Umständen passiert. Wenn wir beispielsweise das naturgesetzliche Verhalten des Hepatitisvirus kennen, wissen wir, unter welchen Bedingungen eine Infektion eintritt, welchen Verlauf die Krankheit nimmt und wie sie zu behandeln ist. Umgekehrt ermöglicht uns dieses naturwissenschaftliche Wissen, die richtigen vorbeugenden Maßnahmen zu treffen und das Virus zu bekämpfen, etwa durch die Entwicklung eines wirksamen Impfstoffes. Die Annahme also, dass wir in einem naturgesetzlich geregelten Universum leben, erscheint für uns ebenso selbstverständlich wie harmlos. Nicht harmlos dagegen ist die Deutung der Naturgesetze als strikt deterministische Gesetze. Diese Deutung hatte erstmals Newton vorgenommen. Sein Ziel war es, die Vorgänge der Welt mit rein mathematischen Gesetzen exakt erklär- und berechenbar zu machen (Philosophiae naturalis principia mathematica, 1687).

Newton begründete damit die klassische deterministische Physik. Danach stellt die physikalische Wirklichkeit einen Ursache-Wirkungszusammenhang dar, der vollständig durch Allgemeingesetze determiniert ist. Man kann das auch als kausale Geschlossenheit des Universums umschreiben. Denn im Fall strikt deterministischer Naturgesetze bleibt schlichtweg nichts mehr übrig zu erklären. Das Universum bildet dann nämlich ein in sich abgeschlossenes kausalursächliches System, das vollständig naturgesetzlich durchdeterminiert ist.

Welche Konsequenzen dieser physikalische Determinismus hat, beschrieb der Mathematiker Pierre de Laplace (1749-1827) mit seinem berühmten Gedankenbeispiel vom sogenannten Laplace´schen Geist. Man könne sich, so Laplace, einen Geist vorstellen, der so intelligent ist, daß er alle deterministischen Naturgesetze und alle besonderen Ausgangsbedingungen kennt. Eine solche Intelligenz ist dann aber in der Lage, jeden Weltzustand beliebig in die Vergangenheit zurück und in die Zukunft voraus zu berechnen. „Nichts würde für sie ungewiss sein und Zukunft wie Vergangenheit eher offen vor Augen liegen."[53]

Der Philosoph Karl Popper (1902-1994) bezeichnete diese Vorstellung zu Recht als „Albtraum des Determinismus".[54] Danach liegt alles im Universum von Anfang an fest. Jede Bewegung, jedes Ereignis, jede Entwicklung ist absolut determiniert. Sie kann gar nicht anders verlaufen. Auch das Hervortreten von etwas Neuem ist definitiv ausgeschlossen. Und auch so etwas wie menschliche Freiheit gibt es nicht. Sondern die gesamte Evolutionsgeschichte der Natur und die gesamte Kulturgeschichte des Menschen ist lediglich Resultat determinierender Randbedingungen und deterministischer Gesetze. Insgesamt gleicht das Universum und alles Leben in ihm einer gigantischen Uhr oder einem riesigen Automaten, der nach den Regeln deterministischer Gesetze abläuft. Wer diese Gesetze kennt, kann prinzipiell alles berechnen und prognostizieren.

Stephen Hawking, Frank Tipler

Dieses deterministische Ideal exakter Berechen- und Prognostizierbarkeit bildet bis heute das Ziel der so genannten exakten Naturwissenschaft, angefangen von Newton über Einstein bis herauf zu den derzeit bekanntesten Astrophysikern Stephen Hawking und Frank Tipler. Dabei zielt Hawking auf eine einheitliche Theorie, welche im Stande ist, Quantenmechanik und allgemeine Relativitätstheorie zu vereinigen. Diese so genannte Einheitstheorie (Grand Unified Theory) umfasst dann sämtliche Naturgesetze. Umgekehrt, so Hawking, lassen sich aus ihr zugleich alle Naturkonstanten, Eigenschaften und Entwicklungsprozesse im Universum exakt ableiten.
Hawking glaubt, dass sich damit der endliche vierdimensionale Raum, d. h. das Universum, als vollständig in sich abgeschlossen beschreiben lässt, und zwar ohne Singularitäten und Grenzen. So spricht Hawking zwar noch davon, dass wir dann, wenn wir diese einheitliche Theorie entdeckt haben, „Gottes Plan kennen". Gleichzeitig aber lässt er durchblicken, dass es in einem solchen deterministischen Universum für Gott eigentlich nichts mehr zu tun gibt. Denn „wo wäre dann noch Raum für einen Schöpfer?".[55]
Der Astrophysiker Frank Tipler dagegen legt die Karten gleich offen auf den Tisch. Danach ist das Universum ein

in sich abgeschlossenes kausales Regelsystem. In ihm wirken allein deterministische Naturgesetze. Entsprechend gibt es nur naturwissenschaftliche Erklärungen und bedarf es auch nur solcher. Ein Eingreifen Gottes in die fortlaufende Evolutionsgeschichte des Universums ist weder nötig noch ist auch nur irgend ein Raum dafür. Wenn für Glauben und Theologie also überhaupt noch Platz sein soll, dann als Teilgebiet der Physik. „Die Physik hat nun die Theologie absorbiert", fasst Tipler seine Überlegungen zusammen.[56]

Das heißt, wenn überhaupt, dann kann Gott nur noch im Rahmen der modernen Naturwissenschaft vorkommen. Im Klartext bedeutet das freilich, dass es ihn gar nicht gibt, jedenfalls nicht in dem Sinn, wie der Glaube glaubt, nämlich dass Gott in der Natur wirkt und die Evolution des Universums insgesamt lenkt.

Atheismus

Die religiösen Konsequenzen dieses naturwissenschaftlichen Determinismus liegen auf der Hand. Gott ist nicht nur aus der Welt hinauserklärt. Sondern, genau betrachtet, mündet die deterministische Sicht des Universums direkt in den weltanschaulichen Atheismus, d. h. in die Überzeugung, dass es Gott nicht gibt.

Freilich könnte man immer noch sagen: Gott hat das Universum erschaffen mit allen deterministischen Gesetzen. Aber dann läuft es eben ohne ihn weiter. Immerhin wäre auf diese Weise der Glaube an Gott sogar noch mit einer deterministischen Naturauffassung vereinbar. Allerdings hat Gott hier nur mehr am Anfang Platz. Er ist der Schöpfer des Universums, aber kaum sein Lenker. Der Glaube aber, dass Gott in der Natur wirkt, sie lenkt und leitet, mehr noch: dass Gott während des gesamten zeitlichen Verlaufs des evolvierenden Universums schöpferisch tätig ist, ist durch eine deterministisch denkende Naturwissenschaft ausgeschlossen.

Selbst diesem Ergebnis kann man scheinbar noch einmal ausweichen. Man könnte sagen: Gottes providentielle Fürsorge bezieht sich ja gar nicht auf die Natur. Sie mag determiniert sein oder nicht. Das spielt gar keine Rolle. Denn Gottes Providenz bezieht sich auf das Innere des Menschen. Gott rettet nicht die Natur, sondern die Seele des Menschen. Er tut das, indem er an sein Gewissen appelliert und an seine Freiheit, das Gute zu tun und das Böse zu meiden.

Diese Strategie besitzt zugleich den scheinbaren Vorteil, dass sich dann Naturwissenschaft und Theologie gar nicht mehr ins Gehege kommen können. Denn sie beziehen sich auf zwei völlig unterschiedliche Bereiche. Naturwissenschaftler erforschen die äußere physikalische Wirklichkeit. Diese versuchen sie mit ihren Experimenten und Gesetzen zu erklären und auch technisch verfügbar zu machen. Theologen und Geisteswissenschaftler hingegen befassen sich mit der inneren Welt des Menschen, mit seinem Kulturschaffen, seiner Geschichte und Kunst. Und gerade die Religion macht sich die Urfrage des Menschen nach dem Sinn des Lebens zum Thema, seine Sehnsucht nach Heil oder Begriffe wie Freiheit, Gewissen und Person, Vertrauen, Liebe und Schuld. Diese Begriffe aber entziehen sich dem letztlich sinnneutralen Kausalitätsdenken der Naturwissenschaft. Denn was nützt uns die medizinische Erklärung einer Krankheit, wenn es darum geht, dieses Schicksal zu meistern? Beide Fragen liegen doch auf völlig unterschiedlichen Ebenen! Und wenn Naturwissenschaftler und Theologen diesen Unterschied beachten, können sie auch nicht mehr miteinander kollidieren oder in Streit geraten.

Freilich trügt diese Sicht. Denn wenn alles im Universum determiniert ist, dann ist auch der freie Wille des Menschen determiniert. Und wenn das Universum insgesamt ein gigantischer Automat ist, dann sind wir Menschen darin eben nichts anderes als kleine Teilautomaten. Das heißt, das, worauf sich Theologen und Geisteswissenschaftler beziehen, nämlich auf die Seele, den Geist und die Freiheit des Menschen, die umgekehrt ihren Niederschlag in Kunst, Wissenschaft und Religion finden, gibt es dann gar nicht.

Und das geht noch weiter. Wenn es keine menschliche Freiheit gibt, gibt es für die Frage nach dem Sinn von Leid und Übel in der Welt nicht einmal ansatzweise eine Lösung. Wie gezeigt, lässt sich die atheistische Spitze des Theodizeeproblems allein dadurch brechen, dass man darauf verweist, dass alle höheren ethischen und personalen Werte die freie Entscheidung und Bewährung im Leid logisch notwendig voraussetzen. Entfällt die menschliche Freiheit, schlägt das Leid in der Welt direkt zugunsten des Atheismus aus. Denn welchen Sinn sollte dann ein leidvoll evolvierendes Universum haben? Ein sinnlos leidendes Universum aber kann nicht Schöpfung Gottes sein. Zumindest wird der Glaube in dem Maß unglaubwürdig, in dem sich hierauf keine vernünftige Antwort mehr geben lässt.

In diesen Überlegungen besteht die Problematik, mit welcher der naturwissenschaftliche Determinismus die Theologie konfrontiert. Er erklärt Gott nicht nur aus der Welt hinaus, sondern macht es schlichtweg unsinnig anzunehmen, dass es ihn überhaupt gibt. Daher schließen sich deterministische Naturwissenschaft, Existenz Gottes und Theologie definitiv aus. Sollte sich in der Naturwissenschaft der Determinismus bewahrheiten, sei es in der modernen Physik oder Hirnforschung, bedeutet das das endgültige Ende von Theologie und Glauben. Das sollte man klar sehen und eingestehen.

Wirken Gottes

Quantenphysik

Seit den naturwissenschaftlichen Entdeckungen in der Quantenphysik mit Beginn des 20. Jahrhunderts tut sich allerdings eine völlig neue Situation auf. Die Quantenphysik beschäftigt sich mit der Erforschung mikrophysikalischer Systeme, angefangen vom molekularen und atomaren bis hin zum subatomaren Bereich. Dabei widersprechen die quantenphysikalischen Phänomene gleich in mehrerer Hinsicht der klassischen Physik.

So entdeckte Max Planck (1858-1947), dass die Atome Energie immer nur in ganz bestimmten Quantelungen, d. h. Portionen, aufnehmen oder aussenden. Etwa „springt" ein Elektron unmittelbar von einem Energiezustand in den anderen über. Daher rührt auch die volkstümliche Sprechweise, dass die Natur „Sprünge" macht. Entscheidend bei Plancks Entdeckung war, dass diese Quantelung der Energie in ganz offensichtlichem Widerspruch zur bisherigen Vorstellung der klassischen Physik steht, wonach es solche „Sprünge" gar nicht geben kann. Denn nach klassischer Auffassung muss jede physikalische Veränderung den ganzen Weg der Veränderung durchlaufen. Wenn ein Auto von einem Ort zum anderen fährt, muss es die ganze Wegstrecke vom einen zum anderen Punkt durchfahren, und kann nicht einfach plötzlich unvermittelt am anderen Ort auftauchen. Und wenn Wasser erwärmt wird, muss es auch die ganze Skala der Anfangs- und Endtemperatur durchlaufen, und kann nicht direkt vom gefrorenen in den kochenden Zustand überspringen.

Man hatte geglaubt, dieses Prinzip der klassischen Physik würde ausnahmslos gelten. Demgegenüber verhalten sich die beobachteten Quanteneffekte offenbar völlig anders. Dort „springt" eine Elektron zwischen unterschiedlichen Energiezuständen hin und her, ohne die dazwischen liegende Skala zu durchlaufen. Anders jedenfalls kann man die so genannten Quantensprünge nicht erklären und die damit verbundene Quantelung der ausgesandten bzw. aufgenommenen Energie.

Noch gravierendere Entdeckungen machte Werner Heisenberg (1901-1976), zunächst mit der so genannten Heisenberg'scher Unschärferelation. Sie besagt, dass man den Ort und Impuls eines Elektrons nie gleich genau bestimmen kann. Es ist immer nur möglich, eines von beiden exakt zu messen, während das andere „unscharf" bleibt. Je exakter man den Ort bestimmt, um so ungenauer bleibt der Impuls, und umgekehrt. Eigentlich revolutionär aber war Heisenbergs zweite Entdeckung, die er in diesem Zusammenhang machte. Danach lassen sich über Quanteneffekte immer nur statistische Wahrscheinlichkeitsaussagen machen. Das heißt, in der gesamten Quantenphysik muss man sich mit Wahrscheinlichkeiten begnügen. Man kann nicht exakt bestimmen, wann eine quantenphysikalische Zustandsänderung eintritt. Somit aber scheint die Welt der Quantenphysik indeterministische Lücken aufzuweisen.

Chaostheorie

Zum selben Ergebnis führt die moderne Chaostheorie. Chaostheorie ist ein Sammelbegriff für die Theorien über so genannte offene dynamische Systeme. Die Chaostheorie ist weit jünger als die Quantenphysik. Entdeckt wurde sie vom amerikanischen Meteorologen Edward Lorenz.

Im Jahr 1961 berechnete Lorenz am Computer die Entwicklung von Großwetterlagen. Um das Ergebnis noch einmal zu kontrollieren, gab er dieselben Daten noch einmal ein, rundete sie aber der Einfachheit halber um mehrere Stellen hinter dem Komma ab. Zu seiner Überraschung kam der Computer nun zu einer völlig anderen Wettervorhersage. Die winzige Änderung der Ausgangsdaten hatte zu einem völlig anderen Ergebnis geführt.

Lorenz hatte damit nichts anderes als das Chaos entdeckt. Die chaotische Verhaltensweise des Wetters bedeutet nun nicht, dass Großwetterkonstellationen keinerlei Gesetzmäßigkeiten unterliegen. Sondern chaotisches Verhalten bedeutet, dass es in der Natur Konstellationen gibt, deren Entwicklung nach den Gesetzen eines nicht vollständig berechenbaren Zufallsverhaltens verläuft. Darin ist das strenge Kausalprinzip aufgehoben, wonach kleine Ursachen kleine Wirkungen und große Ursachen große Wirkungen haben. Denn chaotische Systeme unterscheiden sich von normalen Systemen dadurch, dass in ihnen kleinste Einflüsse größte Wirkungen haben können. Was das bedeutet, veranschaulichte man mit dem Beispiel, wonach der Flügelschlag eines Schmetterlings in Japan einen Wirbelsturm in Florida auslösen kann.

Das mag übertrieben klingen, charakterisiert aber, was man sich unter der Chaotizität im Verhalten von Naturprozessen vorzustellen hat. In chaotischen Prozessphasen kann man weder exakt bestimmen, was genau geschieht, noch exakt voraussagen, wie sich ein chaotisches System schließlich entwickelt. Das Wetter ist dafür nur ein Beispiel. Seine Chaotizität erklärt aber, warum Wetterprognosen oft völlig falsch ausfallen.

Der augenblicklich bekannteste Chaosforscher Ilya Prigogine (geb. 1917) beschreibt diese neue naturwissenschaftliche Sicht mit Hilfe der drei Kategorien Instabilität, Wahrscheinlichkeit und Irreversibilität.[57]

Instabilität besagt: Es gibt Systeme, die bei entsprechendem Energiezufluss ihr stabiles Gleichgewicht einbüßen, in eine chaotische Prozessphase übergehen, um sich auf anderem Niveau und in neuem Gleichgewichtszustand wieder einzupendeln. Wahrscheinlichkeit besagt: Über den Verlauf der chaotischen Prozessphase lassen sich bestenfalls Wahrscheinlichkeitsaussagen machen. Außerdem kann man immer erst im Nachhinein feststellen, welche neuen Eigenschaften das betreffende System hervorbringt. Sie sind jedenfalls durch die vorausgehenden Ausgangsbedingungen nicht vollständig determiniert und entsprechend auch nicht exakt vorausberechenbar. Irreversibilität schließlich besagt: Solche chaotischen Entwicklungen sind nicht zeitlich umkehrbar (= irreversibel). Nach klassisch deterministischer Auffassung verlaufen die Naturprozesse linear, d. h., man kann sie beliebig vorwärts und rückwärts laufen lassen. Anders bei chaotisch-nichtlinearen Prozessen. Solche Prozesse sind gleichsam mit einem Zeitpfeil versehen, der die Umkehrung erfolgter Entwicklungsprozesse unmöglich macht.

Die Chaostheorie nahm seit den 60er Jahren einen großartigen Aufschwung. Mit ihrer Hilfe schien erstmals erklärbar, wie es überhaupt zur Evolution des Lebens im Universum kommen konnte. Die Evolution brachte schließlich Organismen hervor, die mit Empfindung und Bewusstsein ausgestattet sind, d. h. mit Eigenschaften, die völlig andere Merkmale aufweisen als rein physikalische Vorgänge und die sich in deren Kategorien auch nicht vollständig beschreiben lassen. Das trifft vor allem auf den Bereich des Seelischen und Geistigen zu. Dessen völlig neue Qualitäten und Leistungen entziehen sich einer rein physikalischen Beschreibung.

Bei solchen lebendigen Organismen handelt es sich daher um so genannte offene dynamische Systeme. Bei ihrer Entstehung und Funktionsweise spielen nicht-linear verlaufende chaotische Prozesse eine maßgebliche Rolle. Diese aber lassen sich mit den Mitteln der klassisch-mechanistischen Physik nicht verstehen. Denn deren Prinzipien treffen nur für linear verlaufende deterministische Systeme zu.

Zwischenergebnis

Alles in allem also zwingen sowohl die quantenphysikalischen Unbestimmtheiten als auch die chaostheoretischen Instabilitäten die Naturwissenschaft dazu, ihre bisherige klassisch-deterministische Sichtweise zu korrigieren. Zumindest ist das Ideal der klassischen Physik entschieden in Frage gestellt. Es bestand in der vollständigen mathematischen Berechenbarkeit aller Naturvorgänge. Dagegen muss man sich jetzt mit lediglichen Wahrscheinlichkeiten begnügen.

Auch der strenge Determinismus scheint gebrochen. Denn aus den chaotischen Prozessphasen eines Systems gehen plötzlich Eigenschaften hervor, die aus den bisherigen Teilen nicht einfach deterministisch abgeleitet werden können, sondern qualitativ und unvorhersehbar Neues beinhalten. Das trifft für die Evolution organischen Lebens aus anorganischer Materie ebenso zu wie für die Evolution menschlichen Bewusstseins mit seinen „immateriellen" geistigen Eigenschaften und Leistungen. Offenbar also besteht die Natur aus einem „Gemisch" von Zufall und Determiniertheit. Und offenbar gibt es darin „Freiheitsgrade", die genutzt werden können, so dass der nachfolgende Zustand nicht lediglich deterministische Folge des vorhergehenden ist.

Handlungsraum Gottes?

Wie deutet man nun diese völlig neue naturwissenschaftliche Ausgangslage? Liegen hier wirklich indeterministische Erklärungslücken vor, die man dann theologisch als Handlungsraum Gottes deuten kann? Oder besteht dieser Deutungsspielraum doch nur scheinbar?
Hier zeigt sich das naturwissenschaftliche Lager selbst gespalten. Um gleich das berühmteste Beispiel zu nennen: Albert Einstein wehrte sich gegen jede indeterministische Deutung der Quantenphysik. „Der Alte würfelt nicht", sagte Einstein.[58] Und er meinte damit, dass Gott keine wahrscheinlichkeitstheoretische Zufallswelt erschaffen hat, sondern ein streng naturgesetzlich geregeltes Universum, in dem nichts dem Zufall überlassen bleibt und in dessen strenger Determiniertheit sich gerade Gottes „überlegene Vernunft" ausdrückt.[59]
Damit wollte Einstein zugleich die streng deterministische Naturwissenschaft retten, die seiner Ansicht nach allein den Namen Naturwissenschaft verdient. Daher besteht für Einstein das Wahrscheinlichkeitsverhalten der Quantenphänomene auch nur scheinbar. Es beruht schlichtweg darauf, dass wir eben noch nicht alle naturwissenschaftlichen Parameter und Gesetze kennen. In Wirklichkeit, so Einsteins Überzeugung, ist auch der Bereich der Quantenphysik vollständig determiniert. Das heißt, es gibt keine indeterministischen Lücken im Universum, die man dann als Handlungsraum Gottes in der Dynamik der Naturprozesse selbst deuten könnte.

Ähnlich denkt der Physiker Bernulf Kanitscheider (geb. 1939) in Bezug auf die Chaostheorie. Kanitscheider deutet sie als „determiniertes Zufallsverhalten". Danach büßen chaotische Systeme lediglich ihre Berechenbarkeit ein, nicht jedoch ihre Determiniertheit. Verloren geht, so Kanitscheider, lediglich ihre Vorhersehbarkeit, nicht jedoch ihr deterministischer Charakter. Daher spiegelt ihre „Zufälligkeit" auch nur die Berechenbarkeitsgrenze eines ansonsten vollständig determinierten Systems wider.[60]

Allerdings ist diese deterministische Deutung quantenphysikalischer und chaostheoretischer Prozesse unter Naturwissenschaftlern selbst strittig. Tatsächlich lassen sich solche Naturprozesse mit demselben Recht auch indeterministisch deuten, nämlich als Zufall oder als Wirken Gottes.

Quantenphysik und Wirken Gottes

Um wieder Beispiele zu nennen: Der Quantentheoretiker Pascual Jordan geht von der grundsätzlichen Indeterminiertheit der Quantensprünge aus. Sie erfolgen zufällig und sind nur nach den Gesetzen mathematischer Wahrscheinlichkeiten berechenbar. In diesen ständig neuen „indeterminierten Entscheidungen" aber kann man „göttliches Wirken, göttliche Fügung und Herrschaft" sehen.[61]

Noch grundsätzlicher argumentiert der Physiker Wolfgang Wild. Danach entstand das Universum durch eine Quantenbewegung im physikalischen Vakuum. Quantenbewegungen aber treten spontan und ohne erkennbare Ursache auf. Entsprechend sind immer beide Deutungen möglich, wonach sich unsere Existenz einem puren Zufall verdankt oder dem Wirken Gottes.[62]

Im Anschluss daran nimmt der evangelische Theologe Wolfhart Pannenberg (geb. 1928) eine direkte theologische Deutung vor. Er fragt, wie Gott als körperloser Geist überhaupt auf die physikalische Natur einwirken kann. Wie sollte Immaterielles auf Materielles einwirken können? Um das zu erklären, nimmt Pannenberg die moderne Quantenfeldtheorie zu Hilfe. Danach existiert der Raum als physikalisches Kraftfeld. Seine lokalen Erregungen lassen aus Energie Materie entstehen. Die Stabilität des materiellen Universums ist dabei lediglich Ergebnis eines grandiosen Mittelungsprozesses.

Zwar glaubte Einstein, dass auch das physikalische Feld einer unveränderlichen geometrischen Ordnung unterliegt. Heute aber vertreten viele Physiker eine indeterministische Deutung der physikalischen Feldtheorie. Sie aber lässt sich, so Pannenberg, direkt verbinden mit der theologischen Auffassung „des göttlichen Geistes als alles durchdringendes und dynamisch durchwaltendes Feld".[63] Denn Gott als Geist (ruah, vous, logos, pneuma) hat man sich auch als immaterielles Kraftfeld vorzustellen. Gott wirkt nicht mechanistisch durch Druck und Stoß. Er wirkt auf körperlose Weise durch die Übertragung von Gedanken, sprich: von Information.

Daher stellt, so Pannenberg, der Feldbegriff tatsächlich das physikalische Gegenstück zum theologischen Geistbegriff dar bzw. zur theologischen Vorstellung des ständigen Schöpfungswirkens Gottes im evolutiven Naturlauf. In den Indeterminismen des physikalischen Felds kann man das planende Wirken Gottes in der Dynamik des Naturprozesses unterbringen.

Entscheidend ist, dass diese theologischen Deutungen keineswegs künstlich aufgesetzt klingen. Denn warum sollte es nicht möglich sein, die lokalen Erregungen, die im Sinn der Quantenfeldtheorie rein zufällig vonstatten gehen und die das materielle Universum entstehen ließen, als unmittelbares Wirken Gottes zu deuten? Die diesbezüglichen naturwissenschaftlicherseits selbst veranschlagten Indeterminismen lassen diese theologische Deutung zumindest zu.

Chaostheorie und Wirken Gottes

Dasselbe Ergebnis wird durch die Chaostheorie nahe gelegt. Auch sie wird gerade naturwissenschaftlicherseits als Beispiel gegen den klassischen Determinismus interpretiert. Die Zufälligkeit auf allen Ebenen ist, wie der Chaostheoretiker Prigogine betont, als neues vereinheitlichendes Moment anzusehen in unserem naturwissenschaftlichen Verständnis der Materie und ihrer physikalischen Prozesse.[64] Dass sich auch hier eine weiterführende theologische Deutung anbietet, liegt auf der Hand. Der englische Physiker und Theologe John Polkinghorne (geb. 1930) arbeitete sie exakt aus.

Nach Polkinghorne gibt es zwei klar unterscheidbare Typen naturwissenschaftlicher Kausalität. Der erste Typus betrifft den bisherigen klassischen Kausalbegriff. Danach wird ein Phänomen erklärt durch die Beschreibung der speziellen Randbedingungen und der determinierenden Naturgesetze. Mit dieser Sorte deterministischer Kausalität hantieren die Physiker immer schon. Sie bringt prinzipiell berechenbare Wirkungen hervor. Der zweite Typus von Kausalität hingegen wurde erst entdeckt durch die Quantenphysik und Chaostheorie. Er lässt sich am besten beschreiben durch das Einspeisen aktiver, musterformender Information. Vor allem die Chaostheorie beschäftigt sich mit diesem Phänomen informeller Kausalität. Ganz offensichtlich ist das Netzwerk naturwissenschaftlicher Kausalität nicht so eng geknüpft, dass diese Möglichkeit ausgeschlossen ist.

In den Indeterminismen chaotischer Prozessphasen lokalisiert Polkinghorne nun aber seine downward-causation, d. h. sein Modell des Einspeisens göttlicher Information, wodurch das betreffende physikalische System eine bestimmte Wendung und Entwicklung nimmt.[65] Und Polkinghorne betont zu Recht: Erst damit wird es wieder möglich, die Vorstellung von Gottes Wirken in der Natur wissenschaftlich sinnvoll erscheinen zu lassen. Als reiner Geist wirkt Gott durch die Eingabe kontinuierlicher Information. Im Rahmen moderner Theorien dy-

114

namisch-offener Systeme aber ist diese Möglichkeit denkbar, und zwar in vollem Einklang mit der Naturwissenschaft.
Gott erscheint hier nicht als Zauberer, der auf ominöse unsichtbare Weise im Weltprozess wirkt. Sondern Gott nutzt lediglich die prinzipiellen Offenheiten innerhalb des Naturprozesses selbst. Göttliches Handeln erscheint als musterformende Informationszufuhr, die den offenen evolutiven Naturprozess begleitet und in die von Gott gewollte Richtung lenkt.

Lückenbüßergott?

Erhebt sich damit nicht doch wieder der alte Vorwurf des „Lückenbüßer-Gottes"? Er besagt, dass Theologen das Wirken Gottes gerne in den naturwissenschaftlichen Erklärungslücken ansiedeln. Dann aber ist es nur eine Frage der Zeit, bis man alles naturwissenschaftlich erklären kann und die Gotteserklärung nicht mehr braucht.
So berechtigt dieser Vorwurf ist: Auf die eben vorgetragenen Überlegungen trifft er nicht zu. Gott wirkt nicht in den noch verbleibenden naturwissenschaftlichen Wissenslücken. Sondern Gott wirkt in den indeterminierten Freiräumen im naturwissenschaftlichen Weltprozess selbst.
Zudem wird sein Wirken denkbar, ohne dass die physikalischen Energieerhaltungssätze verletzt werden müssten. Denn quantenphysikalische bzw. chaostheoretische Indeterminiertheit besagt, dass aus identischen Ausgangsbedingungen und dynamischen Situationen unterschiedliche Endzustände resultieren. Entsprechend hat das von Außen erfolgende Wirken Gottes in diesen Naturprozessen keinerlei energetische Änderungen zur Folge. Sondern es trifft lediglich eine „Auswahl" innerhalb gleichermaßen möglicher physikalischer Endzustände.

Ergebnis

Für die Theologie hat das weit reichende Konsequenzen. Denn bei allen angeführten Beispielen handelt es sich nicht lediglich um religiöse Phantasien. Sondern diese theologischen Deutungen werden durch die aktuelle Naturwissenschaft selbst nahe gelegt. Zumindest lassen sich die quantenmechanischen oder chaostheoretischen „Freiräume" nahezu selbstverständlich theologisch nutzen, um Gottes Wirken wieder direkt auf die naturwissenschaftliche Beschreibung der Natur zu beziehen. Somit stellt der Glaube, dass Gott die Evolution des Universums lenkt und ständig im Naturprozess wirkt, im Rahmen des neueren naturwissenschaftlichen Indeterminismus eine mögliche und auch wissenschaftlich legitime Erklärung dar.

Damit aber erweist sich die bis heute immer noch weit verbreitete Meinung, dass sich moderne Naturwissenschaft und Theologie, evolutives Universum und religiöser Glaube kaum mehr miteinander vereinbaren lassen, als ein längst überholtes Vorurteil. Genau genommen trifft dieses Urteil nur zu für ein deterministisches Naturverständnis. Naturwissenschaftlicher Determinismus und Gottesglaube schließen sich, wie gezeigt, tatsächlich aus. Die neueren Ergebnisse in Quantenphysik und Chaostheorie aber weisen in eine andere Richtung.

Gewiss ist in Quantenphysik und Chaostheorie noch vieles strittig. Das mindert aber nicht das vorläufige Ergebnis des modernen Dialogs zwischen Theologie und Naturwissenschaft. Danach erscheint es durchaus vernünftig, die indeterministisch deutbaren quantenphysikalischen und chaotischen Naturprozesse theologisch zu verstehen als konkreten „Handlungsraum" Gottes.

Man muss daher nicht lediglich auf Wunder zurückgreifen, um Gottes Wirken in der Schöpfung sicherzustellen. Gewiss kann Gott, wenn es ihn gibt, die Naturgesetze außer Kraft setzen. Denn er hat sie geschaffen und er ist allmächtig. Er kann frei über sie verfügen. So kann Gott ein Wunder wirken, etwa um ein Schicksal zu wenden oder eine schlimme Krankheit zu heilen. Wunder bilden aber die Ausnahme. Wäre Gottes Wirken daher allein auf Wunder beschränkt, würde er immer nur punktuell und von Zeit zu Zeit in das Universum eingreifen.

Demgegenüber erhebt der Glaube den viel weitreichenderen Anspruch, dass Gott fortwährend über den gesamten raum-zeitlichen Verlauf der Evolution des Universums tätig ist. Im Rahmen moderner Quantentheorie und moderner Theorien offener dynamischer Systeme aber lässt sich nahezu mühelos klären, wie Gott fortgesetzt im Naturprozess tätig sein kann – sei es als fortgesetztes Entscheiden in Quantenprozessen, sei es als fortgesetzte Eingabe von Information, die das dynamische Verhalten offener Systeme hervorbringt und strukturiert.

Die Theologie spricht in diesem Zusammenhang von der Vorsehung, die Gott walten lässt. Von Thomas von Aquin stammt das Wort vom ewigen Weltenplan, den Gott mit seiner Schöpfung in der Zeit verwirklicht. Daher kann es für den Glaubenden auch keinen eigentlichen Zufall geben. Denn alles ist umfangen von Gottes Fürsorge.[66] Diese tröstliche und Geborgenheit vermittelnde Glaubensüberzeugung lässt sich im Rahmen indeterministischer Naturwissenschaft wieder als durchaus vernünftige Sicht der Wirklichkeit erweisen.

Die neuere Naturwissenschaft arbeitet hier also der Theologie unmittelbar zu. Denn sie weist den Raum aus, wo Gott in der Natur wirken kann und inwiefern er während des ganzen evolutiven Entwicklungsprozesses des Universums schöpferisch tätig sein kann, so dass die Evolution des Universums nicht lediglich als sinnloser Zufall erscheint, sondern nach Gottes Plan erfolgt. Dieser religiöse Glaube erscheint im Rahmen des neueren naturwissenschaftlichen Indeterminismus wieder als vernünftige und auch wissenschaftlich akzeptable Weltdeutung.

Religiöse Erfahrung

Gegenwärtig rückt in der Theologie eine Thematik in den Blickpunkt des Interesses, die Thematik religiöser Erfahrung. Das mag überraschen. Denn wer spricht heute noch von religiösen Erfahrungen? Wer traut sich heute überhaupt noch, dieses Thema anzuschneiden? Und weiter: Gehört das Fehlen und Ausbleiben von religiösen Erfahrungen nicht gerade zum Charakteristikum unserer Gegenwartswelt? So stellt der Freiburger Religionsphilosoph Bernhard Welte (1906-1983) fest: „Die vorherrschende Erfahrung ... ist die Erfahrung, überhaupt keine religiöse Erfahrung zu machen, also von so etwas wie Gott nicht berührt, nicht getroffen und schon gar nicht verwandelt zu werden."[67]
Was nützt daher das neuere Interesse an der Erfahrungsthematik, wenn die meisten Menschen von sich behaupten, so etwas wie religiöse Erfahrungen gar nicht zu haben? Aber stimmt das? Ist es wirklich so, dass dem modernen Menschen die religiöse Erfahrungsdimension abhanden gekommen ist? Oder tritt das, was man Glaubens- oder Gotteserfahrung nennt, heute nur in anderem Gewand hervor?

Was bedeutet religiöse Erfahrung?

Erfahrung

Zunächst ist es eine Tatsache, dass wir Menschen kein Wissen ohne Erfahrung haben. Der antike Philosoph Aristoteles vergleicht daher den menschlichen Verstand mit einer leeren Tischplatte (tabula rasa). Aristoteles will damit sagen, dass wir Menschen kein angeborenes Wissen besitzen. Wir müssen erst Farben sehen, um zu wissen, was Farben sind. Wir müssen erst Trauer empfinden, um zu wissen, was Trauer ist. All dieses Wissen müssen wir erst erwerben. Mittel dazu ist die Erfahrung.

Erst sie bringt uns in Kontakt mit der Wirklichkeit. Erst durch sie lernen wir uns und unsere Umwelt kennen. Erst durch sie nehmen wir wahr, wie sich die Dinge verhalten und wie wir auf sie reagieren sollen.

Auch findet sich so etwas wie Klugheit, Umsicht oder gar Lebensweisheit nur bei jemand, der „seine Erfahrungen" gemacht hat. Jemand ohne ausreichende Lebenserfahrung hat uns meist wenig zu sagen. Jedenfalls wird ein reifer und mündiger Mensch nur, wer über lange Erfahrung verfügt. Das geht nicht automatisch vor sich. Denn viele Menschen lernen nur wenig aus ihren Erfahrungen. Daher setzt ein solcher Reifeprozess die entsprechende Sensibilität und auch Lernwilligkeit voraus. Entscheidend aber ist, dass er nur durch Erfahrung überhaupt zu Stande kommen kann.

Diesen Sachverhalt spiegelt bereits die wortgeschichtliche, d h. etymologische Herkunft des Begriffs „Erfahrung" wider. In seinem etymologischen Wörterbuch leitet Friedrich Kluge das Wort „erfahren" her aus dem alt- und mittelhochdeutschen „irfaran" bzw. „ervarn". Das bedeutet soviel wie „durchreisen", „ein Land kennen lernen" bzw. „bewandert, klug sein".[68] Diese Wortgeschichte belegt nur noch einmal, inwiefern Erfahrung für uns unverzichtbar ist. Denn nur durch Erfahrung wissen wir, was es überhaupt gibt.

Von hierher rührt auch der unbedingte Vorrang, den wir der Erfahrung einräumen. Erfahrungen muss man selber machen, und sie können auch nur bedingt weitergegeben werden. Was wir aber selber erfahren haben, das lassen wir uns nicht ohne weiteres ausreden. Und die festeste Basis unseres Urteils bilden gewöhnlich die eigenen Erfahrungen, die wir im Umgang mit der Wirklichkeit und mit unseren Mitmenschen gemacht haben. Zu Recht also vertrauen wir unseren Erfahrungen, und können gar nicht anders.

Religiöse Erfahrung

Wie aber steht es nun mit den so genannten religiösen Erfahrungen? Sind sie dem heutigen Menschen wirklich völlig abhanden gekommen? Wie es scheint, ist die Zeit der großen mystischen Gotteserfahrungen vorbei. Im Mittelalter waren sie noch gang und gäbe, beispielsweise bei Theresia von Avila, Johannes vom Kreuz oder Meister Eckhart. Heute beurteilen wir solche direkten Gotteserfahrungen zurückhaltend und skeptisch. Ob das berechtigt ist oder nicht, soll einmal dahingestellt bleiben. Tatsache ist, dass der durchschnittliche Mensch nicht auf solche direkten, alles überwältigenden mystischen Gotteserfahrungen zurückgreifen kann. Fällt damit aber zugleich die religiöse Erfahrungsdimension völlig aus? Oder ist sie nur anders anzusetzen?

Der Religionsphilosoph Welte betont, dass das Fehlen religiöser Erfahrungen auch eine Erfahrung ist, wenn auch eine negative. Man muss aber nicht bei dieser Negativität stehen bleiben. Und wenn man behutsam ansetzt, lassen sich sogar viele Anlässe religiöser Erfahrung benennen, die der heutige Mensch machen kann und auch macht.

Beispielsweise kann eine Lebenswende als Fügung Gottes erfahren werden. Sie muss nicht einmal den großen Vorteil bringen und kann zunächst sogar einen harten Rückschlag bedeuten. Aber die mit ihr verbundenen Konsequenzen können schließlich eine persönliche Entwicklung in Gang setzen, die ohne sie nicht stattgefunden hätte und für die wir dankbar sind. Gewiss kann man das auch als „Zufall" ansehen. Aber man kann es auch spontan als „Fügung" Gottes erleben und erfahren. In solchen Fällen handelt es sich um indirekte Gottes- oder Glaubenserfahrungen. Charakteristisch für sie ist, dass an Ereignissen und Begebenheiten plötzlich ein religiöser Bedeutungssinn aufgeht. Solche Erfahrungen können ganz unterschiedliche Anlässe haben. Sie können vermittelt werden durch Augenblicke tiefer Freude, durch das Erleben der Schönheit in Natur und Kunst, aber auch durch die Erfahrung von Unglück und Leid. Ein Ereignis, ein Erleben schließt sich plötzlich in religiöser Bedeutsamkeit auf, gewinnt plötzlich eine religiöse Signifikanz. Für manche Menschen wird so das ganze Leben zu einer einzigen religiösen Erfahrung.

Zumindest kennt jeder das Gefühl der Begrenztheit, Fraglichkeit und Unzulänglichkeit des eigenen Lebens. Ganz allgemein kann man das als Erfahrung der Endlichkeit des Daseins umschreiben. Die Dinge der Welt genügen uns nicht. Sie füllen uns nie ganz aus, lassen uns nie ganz glücklich werden. Wir sehnen uns über sie hinaus nach dem Absoluten und Schönen. Wir sehnen uns nach etwas, das uns unbedingten Sinn gibt, uns unbedingt in Anspruch nimmt und erfüllt. Dieses Gefühl der Unausgefülltheit, der Unruhe, auch Enttäuschung kennt jeder. Jeder macht diese Erfahrung auf seine Weise, wenn auch einmal mehr und einmal weniger deutlich.

Vor allem der Theologe Karl Rahner (1904-1984) betont, dass diese Erfahrung inneren Ungenügens bereits eine religiöse Erfahrung ist.[69] Denn wir können, so Rahner, dieses Ungenügen an Welt, Dasein und Leben und schließlich an uns selbst nur deshalb empfinden, weil wir eine Ahnung vom Vollkommenen haben. Generell: Wir können Endliches nur als endlich erfahren, indem wir schon darüber hinaus sind.

Es verhält sich hier wie bei einer Grenze. Eine Grenze können wir auch nur als Grenze erkennen, wenn wir sehen, dass es drüben noch weitergeht. Ebenso können wir die Begrenztheit und Unzulänglichkeit unseres Lebens nur empfinden, weil wir eine Vorstellung vom Unendlichen haben, sei sie auch noch so vage und undeutlich. Das ist aber, so Rahner, bereits eine religiöse Erfahrung, wenn auch eine in völlig unspektakulärem Sinn. Und diese Art religiöser Erfahrung kann prinzipiell jeder in seinem Alltag machen, und macht sie auch.

Atheistische oder religiöse Deutung?

Wie aber deutet man nun diese Endlichkeitserfahrung? Denn auch der überzeugte Atheist macht sie und wird das auch nicht bestreiten. Nur wird er dieser Erfahrung eine ganz andere Bedeutung beimessen als der Gläubige. Der Atheist wird zwar zugeben, dass es sich hier um eine generelle menschliche Grunderfahrung handelt, eben um die Erfahrung der Begrenztheit und Unerfülltheit menschlichen Lebens und Daseins überhaupt. Aber er wird darauf bestehen, dass es sich bei dieser Erfahrung um eine vergebliche Sehnsucht handelt, um eine Sehnsucht, die ins Leere zielt und nicht etwa auf Gott, der sie im Menschen wachruft und auch einmal erfüllt. Demgegenüber wird der Gläubige diese Erfahrung spontan als eine Gottes- und Glaubenserfahrung deuten, als eine Erfahrung, die den Blick frei gibt auf eine andere Wirklichkeit oder die zumindest eine Ahnung weckt von ihr, eine Ahnung, dass es über die Welt hinaus etwas Höheres gibt, das dem Ganzen Sinn verleiht und auf das sich alles menschliche Sehnen und Ungenügen letztlich bezieht.

Die Frage ist nur, welche von beiden Deutungen richtig ist, die atheistische oder die religiöse. Oder sind beide Deutungen bis auf weiteres gleich berechtigt?

Verlässlichkeitsprinzip

Innere und äußere Erfahrungen

Um das zu klären, muss man mit einer grundsätzlichen erkenntnistheoretischen Frage beginnen, nämlich mit der Frage, was uns überhaupt auf Erfahrung vertrauen lässt. Zwar räumen wir der Erfahrung unbedingten Vorrang ein. Nichts erscheint uns so sicher, als das, was wir selber erfahren haben. Wir verlassen uns auf Erfahrung und tun das mit gutem Recht. Aber was garantiert uns eigentlich, dass uns unsere Erfahrungen nicht ständig trügen?

Diese Frage mag absurd erscheinen. Aber wir alle wissen, dass wir uns in unseren Wahrnehmungen auch täuschen können. Wir hören es klingeln. Es stellt sich aber heraus, dass wir uns verhört haben. Wir sind absolut sicher, dass wir die Türe abgesperrt haben, finden sie aber offen vor. Wir sind über einen Verlust tief betroffen, müssen aber einsehen, dass es die ganze Sache nicht wert war. Wir halten jemand für absolut vertrauenswürdig, müssen aber erkennen, dass er uns hintergangen hat. Mit welchem Recht also trauen wir unseren Erfahrungen?

Zunächst ist hier zwischen inneren und äußeren Erfahrungen zu unterscheiden. Gemeint ist damit folgender Sachverhalt. Beispielsweise sagen wir: „Ich sehe dort eine rote Vase stehen". Damit können wir Zweierlei ausdrücken. Zum einen unsere rein subjektive Sehempfindung, zum anderen unsere Überzeugung, dass dort wirklich eine rote Vase steht. Im ersten Fall handelt es sich um eine innere Erfahrung. Damit drücken wir nur aus, was wir empfinden, ohne den Anspruch zu erheben, dass dem äußerlich etwas entspricht. Im zweiten Fall handelt es sich um eine äußere Erfahrung. Damit drücken wir nicht nur lediglich unsere subjektive Sehempfindung aus. Sondern wir behaupten zugleich, dass das, was wir sehen – in diesem Fall die rote Vase – auch wirklich vorhanden ist.

Nun verfügen wir, genau genommen, immer nur über innere Erfahrungen. Denn immer sind wir es, die etwas sehen, hören oder erschließen. Zugleich besitzen wir über innere Erfahrungen absolute Gewissheit. Wir können uns nicht darin täuschen, dass wir es eben klingeln hörten, dass uns etwas weh tut oder dass wir dort eine rote Vase stehen sehen. Wir können uns nicht darin irren, dass wir diese (Hör-, Schmerz- oder Seh-)Empfindungen wirklich haben. Und so lange wir uns darauf beschränken, lediglich zu beschreiben, was wir augenblicklich empfinden, können wir sicher sein.

Die Fehler beginnen erst dann, wenn wir zugleich behaupten, dass es sich in Wirklichkeit so verhält. Mit dieser Behauptung sind wir allen denkbaren Irrtumsmöglichkeiten ausgesetzt. Denn daraus, dass wir es klingeln hörten, folgt noch lange nicht, dass es wirklich geklingelt hat. Und daraus, dass uns dort eine rote Vase zu stehen scheint, folgt ebenso wenig, dass dort wirklich eine steht. Wir könnten uns ja verschaut haben!

Verlässlichkeit von Erfahrung

Freilich gehen wir normalerweise davon aus, dass wirklich eine Vase dort steht, wenn wir eine dort stehen sehen, und dass es wirklich geklingelt hat, wenn wir es klingeln hörten. Das Prinzip, das wir hier anwenden, umschreibt die moderne Erkenntnislehre als Prinzip der Verlässlichkeit von Erfahrung.[70] Es lautet: So lange nichts entschieden dagegen spricht, sind wir völlig im Recht anzunehmen, dass die Dinge so sind, wie sie uns zu sein scheinen.

Tatsächlich ist dieses Prinzip unverzichtbar, und zwar sowohl für die Wissenschaft als auch für unseren Alltagsverstand. Könnten wir uns sonst auch nur irgend ein halbwegs zuverlässiges Bild von der Wirklichkeit machen? Könnten wir sonst eine Situation auch nur annähernd richtig einschätzen? Wir müssen unseren Erfahrungen diesen Vertrauensvorschuss entgegenbringen, und können gar nicht anders. Denn was auch immer wir über uns, unsere Mitmenschen und unsere Umgebung wissen, wissen wir durch Erfahrung. Und wir müssen unseren Erfahrungen an diesem entscheidenden Punkt vertrauen!

Hinzu kommt noch etwas. Wir können nie gleichsam von außen her nachprüfen, ob unsere Erfahrungen nun wirklich verlässlich sind oder nicht. Denn dazu müssten wir einen Standpunkt außerhalb unseres Bewusstseins einnehmen. Das ist uns aber nicht möglich. Daher können wir immer nur durch Erfahrung feststellen, ob wir uns getäuscht haben oder nicht. Das heißt, immer nur durch Erfahrung können wir die Verlässlichkeit fraglicher Erfahrungen nachprüfen. Das setzt aber bereits wieder den genannten Vertrauensvorschuss in die grundsätzliche Verlässlichkeit unserer Erfahrungen voraus. Anderes zu fordern, erscheint schlichtweg irreal. Daher sieht es die moderne Erkenntnislehre völlig zu Recht als ein Gebot vernünftigen Denkens an, anzunehmen, dass unsere Wirklichkeitswahrnehmungen verlässlich sind, so lange nichts entschieden dagegen spricht.

Verlässlichkeit religiöser Erfahrung

Das Argument

Gilt, was wir für unsere normalen Sinneswahrnehmungen veranschlagen, nun nicht ebenso von religiösen Erfahrungen? Zumindest liegt es nahe, das eben beschriebene Verlässlichkeitsprinzip auf den gesamten menschlichen Erfahrungsbereich anzuwenden, auf den Sinnesbereich ebenso wie auf den religiösen Bereich. Jedenfalls muss man gute Gründe beibringen, um den religiösen Erfahrungsbereich hier von vornherein auszuschließen.

Wenn sich die aktuelle Theologie daher vermehrt der Erfahrungsthematik zuwendet, dann vor allem aus dem Grund, weil hier offensichtlich ein sehr stichhaltiges und überzeugendes Argument vorliegt für die Vernünftigkeit des Glaubens an Gott.[71] Denn wenn religiöse Erfahrungen ebenso verlässlich erscheinen wie unsere übrigen Sinneserfahrungen, dann erscheint es auch vernünftig, religiösen Erfahrungen zu trauen, aus dieser Perspektive heraus die Wirklichkeit zu verstehen und entsprechend zu leben. Oder kurz: Mit demselben Recht, mit dem wir unseren fünf Sinnen trauen, dürfen wir auch dem religiösen Sinn trauen. In beiden Fällen liegt eine verlässliche Informationsquelle über die Wirklichkeit vor. So wie uns die fünf Sinne ein mehr oder weniger verlässliches Bild der empirisch-naturwissenschaftlichen Wirklichkeit liefern, liefert uns der religiöse Sinn ein mehr oder weniger verlässliches Bild der religiös-transzendenten Wirklichkeit Gottes, seines Wirkens und seiner Gegenwart. Mit diesen einfachen Worten ist das so genannte Argument der religiösen Erfahrung auch schon mehr oder weniger vollständig formuliert. Es leuchtet auch unmittelbar ein. Seinem Kern nach besagt es, dass wir uns im Erkennen und Umgang mit der Wirklichkeit immer darauf verlassen müssen, dass uns unsere Denkpraktiken nicht grundsätzlich täuschen. Näher betrachtet verwenden wir eine Vielzahl solcher Denkpraktiken. Wir verlassen uns auf die Logik ebenso wie auf die Mathematik. Wir verlassen uns auf unser Erinnerungsvermögen ebenso wie darauf, dass unser schlussfolgerndes Denken richtig ist. Und schließlich verlassen wir uns auch darauf, dass uns unsere Sinneserfahrungen nicht grundsätzlich falsch informieren über die reale Beschaffenheit der Welt.

Und das geht noch weiter. Wir verlassen uns auch auf unser spontanes Schönheits- und Wertempfinden. Auch hier können wir nicht von außen her nachprüfen, ob eine Rose wirklich schön ist, eine Melodie wirklich erhebend oder eine Tat wirklich edel. Sondern wir vertrauen auf unser spontanes Empfinden. Auch zu dieser Dimension der Wirklichkeit haben wir keinen anderen Zugang als durch Erfahrung. Und auch hier gehen wir zu Recht davon aus, dass unser ethischer oder ästhetischer „Sinn" die Realität nicht völlig verzeichnet.

All diesen Denk- und Erfahrungspraktiken im Umgang mit der Wirklichkeit bringen wir ganz selbstverständlich besagten Vertrauensvorschuss in ihre grundsätzliche Verlässlichkeit entgegen. Es geht gar nicht anders. Und es erscheint auch völlig vernünftig so. Wer sich aber das klar gemacht hat, dem muss es völlig unplausibel und jedenfalls willkürlich vorkommen, wollte man den religiösen „Sinn" hier von vornherein ausklammern.

Kritische Prüfkriterien

So unverzichtbar das Verlässlichkeitsprinzip daher ist: Es stellt keinen Freibrief dafür aus, dass man jeder beliebigen und noch so phantastischen Erfahrung unbefragt trauen darf. Das wäre ein grobes Missverständnis, und das meint das Verlässlichkeitsprinzip auch gar nicht. Dazu muss man sich nur noch einmal seine exakte Formulierung in Erinnerung rufen. Sie besagt, dass man Erfahrungen nur so lange vertrauen darf, wie nichts entschieden dagegen spricht. Entsprechend müssen auch religiöse Erfahrungen folgenden kritischen Prüfkriterien standhalten.

Krankhaftigkeit?

Das erste Prüfkriterium lautet: Die Glaubwürdigkeit religiöser Erfahrungen hängt direkt ab von der Normalität des betreffenden Erfahrungssubjekts. Diese Normalität wird vielfach bezweifelt. Und man vermutet, dass religiöse Erfahrungen samt und sonders das Resultat krankhafter Gemüts- und Bewusstseinszustände sind. Sie verlieren sich, sobald die betreffende Person therapiert ist.
Dieser Vorwurf mag übertrieben klingen. Aber das Prinzip, das hier Anwendung findet, ist völlig berechtigt. Denn tatsächlich lässt sich die Glaubwürdigkeit religiöser Erfahrungen dadurch testen, dass man nachsieht, unter welchen näheren Bedingungen bzw. von wem sie gemacht wurden.
Bereits im Alltag gehen wir so vor. Wenn uns ein starker Alkoholiker von weißen Mäusen berichtet, dann glauben wir ihm ebenso wenig wie dem Drogenabhängigen, der behauptet, er habe vergangene Nacht mit Jesus gesprochen. Denn nur zu gut wissen wir, zu welchen Wahrnehmungsstörungen Alkohol und Drogen führen. Religiösen Erfahrungen, die unter solchen anormalen Erfahrungsbedingungen gemacht werden, misstrauen wir da-

her völlig zu Recht. Hierzu gehören auch vermeintliche religiöse Erfahrungen, die unter Hypnose gemacht wurden oder in Ekstase, oder auch in Augenblicken extremer Anspannung.

Ähnlich kritisch urteilen wir, wenn jemand zu übertriebener Frömmigkeit neigt. Zu Recht sehen wir dann seine religiösen Erfahrungen eher als Spiegelbild seiner labilen Persönlichkeit an, denn als authentische Glaubenserfahrung. Auch ist kaum zu bestreiten, dass sehr viele Menschen unter religiösen Zwangs- und Wahnvorstellungen leiden. Hierzu gibt es zugleich durchaus verlässige medizinisch-wissenschaftliche Untersuchungen. Ihr Befund reicht von harmlosen Übertriebenheiten bis hin zu krankhaften Erlebnisstörungen.

Die entscheidende Frage freilich ist, ob sich alle Formen religiöser Erfahrung auf solche krankhaften Bewusstseinsstörungen zurückführen lassen? Gewiss gibt es vielfache Fehlformen religiösen Empfindens und Erfahrens. Das muss man ganz realistisch einräumen. Aber stehen dem nicht zumindest ebenso viele glaubwürdige Erfahrungsberichte gegenüber? Sicher gibt es hier keine trennscharfe Grenze. Aber gewöhnlich besitzen wir ein sehr klares Gespür dafür, wo solche krankhaften Erfahrungsformen vorliegen und wo nicht.

Ein Moses und Jesus, ein Mohammed und Buddha, eine Theresia von Avila, eine Edith Stein oder ein Pater Rupert Mayer waren keine psychisch labilen oder kranken Menschen. Eher trifft das Gegenteil zu. Sie waren gefestigte Persönlichkeiten mit herausragenden organisatorischen und intellektuellen, politischen und menschlichen Fähigkeiten. Insofern erscheint es unangebracht, wollte man sie oder gerade auch die großen Religionsstifter als reine Psychopathen einstufen. Denn ihre religiöse Erfahrungs- und Erlebniswelt war eingebunden in eine in sich ruhende Gesamtpersönlichkeit. Und sie ist aus genau diesem Grund als normal und glaubwürdig einzustufen.

Daher erscheint es auch schlichtweg übertrieben, wollte man den Gesamtbereich menschheitsgeschichtlichen religiösen Erfahrens als eine zu therapierende Bewusstseinskrankheit charakterisieren. Diese Kritik ist schon wegen ihrer Pauschalität wenig überzeugend.

Illusion?

Das zweite Prüfkriterium wiegt daher wesentlich schwerer. Es besteht darin, dass man nachfragt, ob es Gott überhaupt gibt. Denn wenn es ihn nachweislich nicht gibt, kann er auch nicht Ursache religiöser Erfahrungen sein. Es mag dann zwar immer noch Menschen geben, die solche Erfahrungen machen. Aber sie sitzen dann eben einer Täuschung bzw. Illusion auf oder ganz einfach ihrem persönlichen Wunschdenken.

Wieder ist das hier angewandte Prüfkriterium völlig berechtigt. Und wieder wenden wir es auch im Alltag ganz selbstverständlich an. Wenn beispielsweise jemand anlässlich eines heruntergefallenen Buches einen Hausgeist oder Kobold am Werk sieht, dann glauben wir ihm ganz einfach deshalb nicht, weil es aus anderen Gründen sehr unwahrscheinlich ist, dass es Hausgeister oder Kobolde gibt, die noch dazu Bücher aus dem Regal werfen.

Hinzu kommt, dass sich das Herunterfallen des Buches genauso gut auf ganz natürliche Weise erklären lässt, etwa dadurch, dass es schief stand oder viel zu schwer für das Regal war. Genauso büßen religiöse Erfahrungen in dem Maß ihre Glaubwürdigkeit ein, in dem klar gemacht werden kann, dass es Gott voraussichtlich gar nicht gibt und dass sich darüber hinaus religiöse Erfahrungen genauso gut auf rein natürliche Weise erklären lassen.

Dieses doppelte Prüfkriterium – „Gibt es Gott überhaupt?", „Lassen sich religiöse Erfahrungen nicht auf rein natürliche Weise erklären?" – setzt entsprechend eine etwas kompliziertere Gesamtargumentation voraus. Sollte sie aber negativ ausfallen, dann ist es um die Verlässlichkeit religiöser Erfahrungen schlecht bestellt. Denn dann wird es sehr wahrscheinlich, dass in ihnen gar nicht Gott erfahren wird, sondern dass es sich um eine Illusion handelt, die man auf rein natürliche Weise erklären kann.

Gibt es Gott überhaupt?

Zunächst zur ersten Frage: „Gibt es Gott überhaupt?". Drei Argumente scheinen geeignet, die Existenz Gottes als äußerst unwahrscheinlich erscheinen zu lassen bzw. gleich ganz zu widerlegen. Alle drei Argumente wurden in den vorhergehenden Kapiteln jeweils einzeln für sich behandelt. Nun aber kann klar gemacht werden, wie sie zusammengehören.

Das erste Argument betrifft die traditionellen Gottesbeweise. Sie funktionieren nicht mehr. Jedenfalls kann man mit ihrer Hilfe nicht zwingend beweisen, dass es Gott wirklich gibt. Damit aber gewinnen die beiden anderen Argumente, die Frage nach dem Leid in der Welt und das Problem der evolutiven Naturwissenschaften, eine vorher nicht gegebene Schärfe. Denn die Naturwissenschaft schließt eine anfängliche Paradiesesschöpfung aus und weist nach, dass im Universum immer schon ein äußerst mühsamer Evolutionsprozess im Gang ist, der es schwer macht, an die Vorsehung eines allmächtigen und gütigen Schöpfergottes zu glauben. Wenn in dieser Situation die traditionellen Gottesbeweise auch noch versagen, dann scheint ein evolutives Universum, in dem es noch dazu so viel Leid und so viele Katastrophen gibt, den Glauben ganz einfach zu widerlegen. Jedenfalls scheint vor dieser dreifach ernüchternden Tatsache der Unbeweisbarkeit Gottes, des äußerst mühsamen Evolutionsprozesses und des vielfachen Leids in der Welt die Glaubwürdigkeit religiöser Gotteserfahrung irgendwie zu verblassen.

Diesen völlig berechtigten Argumentationszusammenhang kann die moderne wissenschaftliche Theologie inzwischen allerdings positiv auffangen. Denn sie kann darauf verweisen, dass nur in einem solchen Universum,

130

wie es das unsere ist, Wesen entstehen können, die über echte ethisch relevante Freiheit verfügen. Sie kann darauf verweisen, dass nur in einem solchen Universum, wie es das unsere ist, Menschen sittlich, spirituell und persönlich reifen können. Und wenn das Schöpfungsziel Gottes in diesem menschlichen Reifeprozess besteht, dann passen evolutiv-naturwissenschaftliches Weltbild und theologischer Glaube nahtlos zusammen.

So stellen die Fragen nach dem Sinn des Leids und die Ergebnisse der modernen Naturwissenschaft gewiss eine bleibende Herausforderung für den Glauben dar. Sie können ihn aber nicht direkt als falsch erweisen. Und in diesem Zusammenhang gewinnt sogar die Tatsache, dass Menschen religiöse Erfahrungen machen, eine durchaus positive Aussagekraft. Denn wenn sich Gott im leidvollen Evolutionsprozess des Universums eher zu verbergen scheint, scheint er sich in Form religiöser Erfahrungen eher zu offenbaren.

Natürliche Erklärung religiöser Erfahrung?

Gravierender ist daher die zweite Frage: „Lassen sich religiöse Erfahrungen nicht auf rein natürliche Weise erklären?". Wenn das nachweislich der Fall ist, wird Gott zu ihrer Erklärung ganz einfach überflüssig!

Bei heruntergefallenen Büchern brauchen wir auch keine Kobolde zur Erklärung. Zudem erweist sich in dem Maß, in dem wir mit Hilfe der natürlichen Schwerkraft erklären können, warum das Buch herunterfiel, der Koboldsglaube ohnehin als falsch. Ergeht es religiösen Erfahrungen nicht ebenso? Kann man ihr Zustandekommen nicht auch längst rein natürlich erklären? Zumindest glauben die großen Religionskritiker der Neuzeit und Moderne, genau diesen Nachweis erbringen zu können.

Nach Ludwig Feuerbach (1804-1872) stellen religiöse Erfahrungen nichts anderes dar als eine Projektion der menschlichen Ideale und des menschlichen Unendlichkeitsgefühls. Diese Ideale, dieses Gefühl projiziert der Mensch hinaus und bildet sich aus diesem Material seinen Gott. In Wirklichkeit gibt es weder Gott noch sind die vermeintlichen religiösen Erfahrungen durch Gott verursacht. Sondern der Mensch „erfährt" hier lediglich das Spiegelbild seiner eigenen Sehnsüchte und Gefühlswelt.

Ähnlich argumentieren andere. Karl Marx (1818-1883) bezeichnet religiöse Erfahrungen als „Opium des Volkes". Im Glauben tröstet sich der Mensch über die bestehenden Ungerechtigkeitsverhältnisse hinweg, anstatt gegen sie zu rebellieren. Friedrich Nietzsche (1844-1900) sieht religiöse Erfahrungen gleich als reine Spiegelung des durch tausend Moralvorschriften unterdrückten Lebenswillens des Menschen an. Und Sigmund Freud (1856-1939) führt sie zurück auf die Wunscherfüllung, mit der sich der Mensch wie ein kleines Kind in eine Scheinwelt flüchtet vor der harten Wirklichkeit, anstatt ihr standzuhalten. Ebenso erklärt die moderne Psychobiologie religiöse Erfahrungen als Ausdruck der Überlebensstrategie, die sich in Bedrängnis geratene Organismen zurechtlegen, um sich neu zurechtfinden und damit überleben zu können.

Die Zielsetzung dieser Kritik ist klar. Sie benennt jeweils unterschiedliche natürliche Erklärungen dafür, wie religiöse Erfahrungen zu Stande kommen. Nicht Gott wird erfahren. Sondern religiöse Erfahrungen sind lediglich Spiegelbild des menschlichen Wunschdenkens und Trostbedürfnisses. In Wirklichkeit entspricht ihnen nichts. Sondern sie beruhen auf reinen Illusionen. Und diese Argumentation trifft auch zu für die religiösen Erfahrungen der Propheten und Jesu. Entsprechend ist das ganze Alte und Neue Testament nicht als Zeugnis echter Gotteserfahrung zu werten, sondern als Spiegelbild ganz natürlicher menschlicher Projektionen, Illusionen und Wunschvorstellungen.

Wie stichhaltig aber ist diese Rückführung religiöser Erfahrungen auf rein natürliche Erklärungsursachen? Vor allem ein Gegenargument ist zu nennen. Mit welchem

Recht kann man behaupten, dass mit einer einzigen Erklärungsursache immer schon das ganze Phänomen erklärt ist? Entsprechend ist es durchaus möglich, dass religiöse Erfahrungen zwar natürliche Ursachen haben, aber zugleich die erfahrene Gegenwart Gottes mitbeinhalten.

Etwa können gerade der Wunsch oder die Sehnsucht nach dem Vollkommenen oder auch erlittenes Unrecht den Raum für eine religiöse Bedeutungsdimension freigeben bzw. überhaupt erst die Sensibilität für Gott schaffen. Ist es hier nicht wie beim Betrachten eines Bildes oder beim Erleben eines Konzertabends? Nur dem, der die entsprechende Haltung mitbringt, wird sich das Bild bzw. die Musik wirklich erschließen. Sowohl die eigene Disposition als auch das Bild bzw. die Musik sind als Ursache der betreffenden Erfahrung vorausgesetzt.

Insofern können die genannten rein natürlichen Erklärungsursachen durchaus wahr sein. Sie können sogar eine notwendige Bedingung religiöser Erfahrung abgeben, aber eben nicht unbedingt eine vollständige. Damit aber bleibt genügend Raum für eine religiöse Erklärung der entsprechenden Erfahrungen.

Zwischenergebnis

Eine erste Zwischenbilanz wird damit möglich. Ebenso wenig wie man religiöse Erfahrungen samt und sonders als Ergebnis krankhafter Bewusstseinszustände charakterisieren kann, kann man sie samt und sonders als Ergebnis zwar verständlicher, aber eben rein menschlicher Illusionen und Wunschbilder abtun.

Ihr illusionärer Charakter stünde nur dann definitiv fest, wenn es aus anderen Gründen sehr unwahrscheinlich wäre, dass es Gott gibt. Aber insofern weder das Leidproblem noch die moderne Naturwissenschaft die Existenz Gottes definitiv ausschließen, erscheint es durchaus vernünftig, Gott als Erklärungsursache religiöser Erfahrungen anzunehmen. Moses, die großen Propheten, Jesus, Mohammed und Buddha sind danach nicht lediglich ihren persönlichen Illusionen erlegen, sondern sie haben in ihrem Leben und Schicksal wirklich den lebendigen Gott erfahren.

Testmöglichkeiten?

Das dritte Verlässlichkeitskriterium hingegen betrifft den Kern. Es ist das schwierigste von allen. Es lautet: Ebenso wie man Sinneswahrnehmungen exakt nachprüfen kann, muss man auch religiöse Erfahrungen exakt nachprüfen können. Wenn wir es läuten hören und nicht sicher sind, können wir draußen nachsehen. Ist das aber bei religiösen Erfahrungen ebenso möglich? Ganz offensichtlich nicht!

Viele Kritiker haben daraus den Schluss gezogen, dass spätestens an dieser Stelle die Verlässlichkeit religiöser Erfahrungen scheitert.[72] Empirische Erfahrungen können wir testen, religiöse nicht. Hier verfügen wir offenbar über keinerlei objektive Kontrollmöglichkeiten. Lassen sich dann aber wahre und falsche religiöse Erfahrungen überhaupt noch voneinander unterscheiden? Oder besagt die Übertragung des Verlässlichkeitsprinzips vom empirischen auf den religiösen Bereich nicht viel zu viel, nämlich dass damit plötzlich zugleich religiöse Halluzinationen und Wahnvorstellungen aller Art legitimiert sind?

Um diesem Missverständnis zu entgehen, muss man sich noch einmal die wahre Funktion des Verlässlichkeitsprinzips klar machen. Es besagt Zweierlei. Nämlich erstens, dass wir nur durch Erfahrung mit der Wirklichkeit in Kontakt kommen. Und zweitens, dass wir auch nur durch Erfahrung lernen, was überhaupt als Test für die Verlässlichkeit fraglicher Erfahrungen zählt. Beides ist gleich wichtig. Und auf diesen wichtigen erkenntnistheoretischen Sachverhalt kann man nicht nachdrücklich genug hinweisen.

Denn er zeigt, inwiefern es schlichtweg ein Irrtum ist zu glauben, man könne die Verlässlichkeit einer fraglichen

Erfahrungspraxis noch einmal von außen her nachprüfen. Vielmehr verhält es sich genau umgekehrt. Nur indem wir unseren Sinneswahrnehmungen vertrauen, lernen wir, dass sich unsere materielle Umwelt nicht bloß chaotisch verhält, sondern dass sie ganz offensichtlich naturgesetzlich geregelt ist. Dasselbe gilt für religiöse Erfahrungen. Nur indem wir von der grundsätzlichen Verlässlichkeit religiöser Erfahrung ausgehen, lernen wir, dass es sich hier um eine ganz anders geartete Erfahrungsdimension handelt als im Fall rein empirischer Sinneserfahrungen.

Dazu zwei Beispiele. Sinneserfahrungen werden von jedermann gemacht. Sie drängen sich geradezu auf. Religiöse Erfahrungen tun das nicht. Keiner kann den Wald oder das Gebirge vor sich übersehen. Aber nicht jeder erfährt in einer Lebensfügung die Hand Gottes. Spricht diese mangelnde Allgemeinheit religiösen Erfahrens nicht direkt gegen ihre Verlässlichkeit?

Hierauf ist mit einer Gegenfrage zu antworten. Wenn religiöse Erfahrungen ebenso zwangsläufig oder automatisch gemacht würden, wie das für unsere Sinneswahrnehmungen typisch ist: Spräche das nicht direkt gegen ihre Glaubwürdigkeit? Denn anders als Hör-, Riech- und Farbwahrnehmungen beinhalten sie eine personale Gottesbegegnung, und damit immer so etwas wie ein geschenkhaftes Moment. Das gilt bereits im zwischenmenschlichen Bereich. Niemand muss sich dem andern erschließen. Zumindest kann man personale Begegnungen nicht ebenso arrangieren wie die Beobachtung des Mondaufgangs. Trotzdem wird niemand an der Authentizität des zwischenmenschlichen Erfahrungsbereichs zweifeln.

Der amerikanische Philosoph Richard Gale macht hierzu einen zugleich netten Einwand. Wenn sich Gott schon nicht von allen Menschen automatisch und zwangsläufig erfahren lässt: Müsste er sich dann nicht gerade den ungläubigen Atheisten mit besonderem Nachdruck erfahrbar machen, nämlich damit sie an ihn glauben und auf den rechten Weg kommen?[73] Demgegenüber ist auf die notwendige epistemische Distanz Gottes zur Welt zu verweisen. Gott drängt sich nicht auf wie die physikalische Wirklichkeit, weil nur unter dieser Voraussetzung gewährleistet ist, was man Freiheit, Wagnis und Mut des Glaubens nennt. Auch der im Glauben angestrebte Reifeprozess ist nur so überhaupt möglich.

Die Unterschiedlichkeit zwischen Sinneserfahrungen und religiösen Erfahrungen kann auch noch durch folgendes zweite Beispiel veranschaulicht werden. Sinneserfahrungen beinhalten sehr präzise Informationen. Religiöse Erfahrungen dagegen bleiben meist vage. Vor allem die großen Mystiker aller Religionen beklagen, dass ihnen für das, was sie erfahren haben, die präzisen Worte fehlen. Viele Kritiker schließen daraus, dass es sich im Fall religiöser Erfahrungen eben um derart abstruse Wahn- und Trugvorstellungen handelt, dass man über sie nicht einmal mehr klar reden kann!

Demgegenüber spricht dieser Unterschied zur empirischen Erfahrung nur wieder für die Glaubwürdigkeit religiöser Erfahrung. Dazu muss man sich nur den unterschiedlichen Erfahrungsgegenstand klar machen. Gott übersteigt die empirische Realität. Daher ist es selbstverständlich, dass sich empirische Erfahrungen in klare Worte und Begriffe fassen lassen, während religiöse Erfahrungen immer irgendwie über diese hinausweisen.

Diese beiden Beispiele genügen, um den entscheidenden Punkt klar zu machen. Sowohl für Sinneserfahrungen als auch für religiöse Erfahrungen gibt es keinen nicht-zirkulären Verlässlichkeitsnachweis. Denn erst die als verlässlich vorausgesetzte Erfahrungspraxis bringt uns zur Erfahrung, um welches Erfahrungsobjekt es sich handelt und welche Verlässlichkeitstests überhaupt adäquat sind. Und auf dieser fundamentalen Ebene besitzen Sinneswahrnehmungen und religiöse Erfahrungen genau denselben erkenntnistheoretischen Status. Dass im Fall der religiösen Erfahrungspraxis aber andere Tests zählen als im Fall empirischer Erfahrungen, liegt auf der Hand.

Konkrete Tests?

Was sind das nun für konkrete Tests, welche die Verlässlichkeit religiöser Erfahrungen gleichsam positiv belegen?

Da ist erstens das Kriterium der logischen Konsistenz. Es besagt: Religiöse Erfahrungen, die zu logisch widersprüchlichen Aussagen führen, sind kaum als verlässlich anzusehen. Zumindest kann logisch Widersprüchliches nicht existieren. Dreiecke, die vier Ecken haben, gibt es nicht. Und dasselbe träfe für Gott zu, falls der Gottesbegriff nachweislich logisch selbstwidersprüchlich ist. Das ist aber nicht der Fall. Denn die Vorstellung, dass ein allmächtiges, allwissendes, allgegenwärtiges, ewiges und vollkommen gutes Wesen existiert, ist durchaus logisch widerspruchsfrei zu denken.

Als zweites Testkriterium ist die logische Kohärenz zu nennen. Es hat zwei Seiten. Nach innen hin besagt die Kohärenzforderung, dass religiöse Erfahrungen untereinander stimmig sein müssen. Wenn der Sektenprediger Jim Jones behauptet, Gott habe ihm den Massenselbstmord anbefohlen, dann widerspricht diese vermeintliche religiöse Erfahrung schlichtweg dem sonstigen Gottesbild, und erscheint entsprechend unglaubwürdig.

Nach außen hin besagt die Kohärenzforderung, dass religiöse Erfahrungen nicht in direkten Widerspruch zu unseren übrigen gut bewährten Wirklichkeitserfahrungen stehen dürfen. Das aktuellste Beispiel hierfür bildet der Konflikt mit der modernen Naturwissenschaft. Falls sich beispielsweise die These der modernen Hirnforschung bewahrheiten sollte, wonach Geistig-Seelisches, sprich: Mentales, lediglich ein kausal unwirksames Epiphänomen neuronaler Hirnvorgänge darstellt, dann beruht die religiöse Erfahrung, wonach Gott den Menschen als freie Person zum Glauben ruft, nachweislich auf einer Täuschung.

Diese beiden Testkriterien der logischen Konsistenz und Kohärenz klingen mithin spröde und recht abstrakt.

Dagegen leuchtet das dritte Kriterium unmittelbar ein. Es ist zugleich das stichhaltigste von allen. Es betrifft die Frage, welche Wirkungen, d. h. welche „Früchte" religiöser Glaube hervorbringt. Dieses Kriterium ist so alt wie die Religionen selbst. Denn wenn bei Menschen wirklich eine echte, authentische religiöse Erfahrung vorliegt, dann muss das auch ganz konkrete lebensverändernde Konsequenzen haben. „An den Früchten werdet ihr sie erkennen", heißt es im Matthäusevangelium knapp, aber treffend (Mat 7,20).

Völlig zu Recht verbindet man mit der Echtheit religiöser Erfahrungen, dass das, was solche Menschen erfahren haben, in ihrem Leben durchstrahlt, in ihrer Persönlichkeit zum Ausdruck kommt und auch in ihrem Handeln ganz konkrete Konsequenzen hat. Das ist auch der Grund, warum wir beispielsweise das Werk einer Mutter Teresa zugleich als direktes Indiz für die Echtheit ihrer Gottes- und Glaubenserfahrung werten und respektieren.

Widersprüchliche Vielfalt religiöser Erfahrungen?

Verbleibt noch ein Letztes, nämlich die Frage nach der scheinbar widersprüchlichen Vielfalt religiöser Erfahrungen. Das Prinzip, das hier geltend zu machen ist, lautet: Erfahrungen derselben Kategorie müssen einander ähnlich sein.

Im Bereich der Sinneswahrnehmungen trifft das direkt zu. Jeder hört und sieht unter gleichen Bedingungen dasselbe. Auch religiöse Erfahrungen zielen auf ein und denselben Erfahrungsgegenstand, nämlich auf die Erfahrung der Gegenwart Gottes. Entsprechend müssten auch sie einander zumindest ähnlich sein. Aber das Gegenteil ist der Fall! Geht das nicht direkt auf Kosten der Glaubwürdigkeit religiöser Erfahrungen?

Bereits David Hume, der englische Aufklärungsphilosoph, formulierte daraus das schlagkräftigste Argument gegen die Verlässlichkeit religiöser Erfahrungen. Die unterschiedlichen Religionen, so Hume, behaupten alle etwas anderes. Jede von ihnen hält ganz andere Schriften für wahr und heilig, die Christen die Bibel, die Muslime den Koran, die Hinduisten die Veden. Da nun nicht alle Religionen gleichzeitig wahr sein können, so Humes Folgerung, ist es sehr wahrscheinlich, dass keine von ihnen wahr ist. Ist es hier nicht wie beim Gericht? Wenn zehn Zeugen etwas völlig anderes gesehen haben wollen, ist der Richter gut beraten, wenn er keinem traut![74]

Die moderne so genannte pluralistische Religionstheologie schlägt hier eine durchaus erfolgversprechende Lösung vor. Ihr Begründer, der britische Religionsphilosoph John Hick (geb. 1922), akzeptiert die Unterschiedlichkeit religiöser Erfahrungsberichte in den unterschiedlichen Religionen als ein Faktum, das man nicht bestreiten kann. Zugleich versucht er eine Erklärung dafür zu geben, warum im religiösen Bereich, im Gegensatz zum empirischen Bereich, gar nichts anderes zu erwarten ist als eine solche Erfahrungsvielfalt.

Denn wenn es Gott gibt, stellt er keine endliche Realität dar wie etwa das Universum oder Atome. Endliche Realitäten kann man in präzise Worte und Begriffe fassen. Gott aber ist transzendent. Das heißt, er übersteigt alle menschlichen Verstehensversuche. Als endlich begrenzte Wesen können wir Menschen daher Gottes unendliche Größe weder direkt denken noch direkt erfahren. Aber, so Hick, Gottes Gegenwart löst im Rahmen der menschlich-endlichen Erfahrungsmöglichkeiten unterschiedliche Erfahrungsweisen aus. Keine von ihnen kann die Fülle göttlicher Transzendenz und Unendlichkeit ausschöpfen. Trotzdem stellen sie authentische menschlich-endliche Erfahrensweisen des unendlichen Gottes dar.[75]

Auch wenn diese moderne Religionstheologie in der gegenwärtigen Theologie heftig umstritten ist und tatsächlich viele Probleme aufweist, besitzt sie einen unbedingten Vorteil: Sie vermag zu erklären, warum die Vielfalt religiöser Erfahrungen kein Argument gegen deren Verlässlichkeit darstellt, sondern nahezu selbstverständlich zu erwarten ist. Dazu muss die Theologie nur die

Transzendenz Gottes ernst nehmen. Diese besagt, dass Gott immer größer ist als das, was wir Menschen mit unserem endlichen Verstand begreifen können. Die unterschiedlichen Gotteserfahrungen der großen Menschheitsreligionen stellen dann kein weiteres Problem dar. Im Gegenteil. Ist es nicht zu erwarten, dass sich Gott in seiner unendlichen Fülle auf unterschiedliche Weise offenbaren kann? Ist es nicht zu erwarten, dass sich Gott den unterschiedlichen Menschen in unterschiedlichen Kulturen eben in unterschiedlicher Weise zur Erfahrung gibt? Die verschiedenen Religionen mit ihren verschiedenen Gottesbildern und Gotteserfahrungen sind so als unterschiedliche Wege zu Gott zu verstehen, vergleichbar mit einem Berg, zu dessen Gipfel von verschiedenen Seiten her auch verschiedene Wege führen können.

Ergebnis

Das moderne Argument der religiösen Erfahrung macht, wie immer wieder angeklungen, eine sehr komplexe Gesamtargumentation erforderlich. Die Kritik der Gottesbeweise und die traditionelle Religionskritik spielen hier ebenso eine Rolle wie das Problem von Leid und Übel in der Welt. Auch der Dialog von Theologie und moderner Naturwissenschaft gehört hierher. So erscheint es völlig angemessen, wenn man die Frage nach Gott, d. h. die Frage nach der Wahrheit und Vernünftigkeit des Glaubens um die religiöse Erfahrungsthematik bündelt. Das macht dieses Argument auch so attraktiv. Zudem geht es hier nicht nur um abstrakte Begriffe, sondern um die konkrete Erfahrungsbasis des Glaubens selbst.

Gewiss lassen sich gegen die Verlässlichkeit religiöser Erfahrungen gewichtige Gegengründe anführen. Gewiss stellen sie deren Glaubwürdigkeit mehr oder weniger stark in Frage. So bleiben solche Erfahrungen immer vage, mehrdeutig und leicht anfechtbar. Aber eines erscheint vernünftigerweise nicht möglich, nämlich den gesamten menschheitsgeschichtlichen Bereich religiöser Erfahrung als einen einzigen gigantischen Wahn hinzustellen.

Dieses Ergebnis kann man so minimal ansetzen, wie man will. Bis auf weiteres aber besagt es, dass es vernünftig ist zu glauben, dass es echte religiöse Erfahrungen gibt und dass Menschen darin das Wirken und die Gegenwart Gottes erfahren haben. Vor allem gilt das für die großen religiösen Leitfiguren der Menschheitsgeschichte. Und wer selbst keine solchen Erfahrungen macht, kann sich vernünftigerweise auf deren Erfahrungen berufen, auf sie hin glauben und, dieser Spur folgend, Welt und Dasein und auch das eigene Leben deuten und gestalten.

Rückblick

Zu welchem Gesamtergebnis kommt man nun in der Frage nach Gott? Die bisherigen Überlegungen weisen alle in dieselbe Richtung. Man kann gute Gründe für den Glauben anführen, aber auch gegen ihn. Das Nachdenken darüber, ob es Gott gibt oder nicht, mündet irgendwie in ein Patt. Irgendwie halten sich die Argumente die Waage.

Von Blaise Pascal (1623-1662), dem Mathematiker und Erfinder der ersten Rechenmaschine, stammt das Wort: „Es gibt Licht genug für die, welche nichts anderes wollen als sehen, und Dunkelheit genug für die, welche eine entgegengesetzte Haltung haben."[76] Pascal will damit sagen, dass die Welt, in der wir leben, jedenfalls nicht zwingend auf Gott als ihren Schöpfer und Lenker verweist. Man kann sie im Glauben deuten. Man kann sie aber auch ohne Gott verstehen.

Dieses Ergebnis klingt ernüchternd. Man kann es aber auch positiv wenden. Danach lässt sich Gottes Existenz zwar nicht beweisen, sie lässt sich aber auch nicht widerlegen. Glauben und Atheismus stehen daher in einer recht ähnlichen Situation. Beide können nicht beweisen, dass ihre Sicht der Wirklichkeit absolut wahr ist. Beide müssen sich mit Wahrscheinlichkeitsargumenten begnügen. Beide müssen zugeben, dass Welt, Leben und Dasein, was die Frage nach Gott betrifft, keine eindeutige Antwort zulassen.

John Hick kleidet das in seine längst berühmt gewordene Erzählung von den zwei Reisenden.

„Zwei Männer reisen gemeinsam eine Straße entlang. Der eine glaubt, dass sie zur Himmlischen Stadt, der andere, dass sie nach nirgendwo führt. Aber da es nur diese eine Straße gibt, sind beide Männer auf sie angewiesen. Beide haben den Weg noch nie zurückgelegt; deshalb wissen sie zu keinem Zeitpunkt, was sie hinter der nächsten Straßenbiegung erwartet.

Sie erleben auf ihrer Reise Augenblicke der Freude und Ermunterung, aber auch solche der Mühe und Gefahr. Die ganze Zeit über sieht sich der eine der beiden auf einer Pilgerfahrt zur Himmlischen Stadt. Die angenehmeren Reiseabschnitte begreift er als Ermutigung, die Hindernisse als Prüfungen und Lektionen, die ihm vom König jener Stadt auferlegt wurden, damit er bei seiner Ankunft am Zielort würdig ist, dort zu leben. Der andere der beiden glaubt jedoch an nichts dergleichen und betrachtet die Reise als eine ziellose, aber unvermeidbare Irrfahrt. Da ihm in der Sache keine Wahl bleibt, erfreut er sich der angenehmen Seiten und erträgt die unangenehmen. Für ihn gibt es keine Himmlische Stadt, die man erreichen, keinen allumfassenden Zweck, der der Reise einen Sinn verleihen könnte. Im Guten wie im Schlechten gibt es nur die Straße und die Geschicke der Reise."[77]

Diese Erzählung trifft den Kern. Wir selber sind die Reisenden. Wir selber können uns darüber streiten, wer von beiden Recht hat. Wir können einander nicht anbeweisen, ob es die Himmlische Stadt nun gibt oder nicht. Jedenfalls ist das nicht möglich, so lange wir unterwegs sind. Denn immer wird es Erfahrungen geben, die den Glauben an Gott stützen, und andere, die ihm widersprechen. Immer wird es Ereignisse geben, die auf das Wirken Gottes hinweisen, und andere, die vermuten lassen, dass alles doch lediglich Zufall war. Und selbst wenn wir subjektiv völlig von Gottes Gegenwart und Wirken überzeugt sind, bleibt vieles übrig, von dem wir nicht verstehen, warum es Gott nicht verhindert oder gleich anders eingerichtet hat. Immer also bleibt etwas übrig, an dem wir berechtigterweise zweifeln können.

Ist theologischerseits aber etwas anderes zu erwarten? Eigentlich nicht. Denn wenn es so etwas geben soll wie Hoffnung und Vertrauen, oder wenn es so etwas geben soll wie die schlichte ausgehaltene Treue im Alltag des Glaubens, dann darf Gottes Existenz und Wirken in der Welt gar nicht ebenso evident sein wie das „Zwei mal zwei ist vier". Um dieser Glaubenstugenden willen, generell: um der menschlichen Freiheit im Glauben willen, muss sich Gott ein Stück weit verbergen in seiner Schöpfung. Würde er jetzt schon in alles überwältigender Eindeutigkeit und Herrlichkeit hervortreten, gäbe es jedenfalls nicht, was die Theologie Glauben nennt. Und es gäbe auch nicht, was die Theologie den menschlichen Reifungsprozess im Glauben nennt. Das ganz persönliche Leben des Einzelnen mit seinem ganz persönlichen Schicksal ist dieser Prozess. Noch einmal sei Jesaja zitiert: „Fürchte dich nicht, denn ich habe dich erlöst. Ich habe dich beim Namen gerufen, zu mir gehörst du" (Jes 43,1). Diese Zusicherung ist dem Glaubenden zugesagt. Die vorangegangenen Überlegungen moderner wissenschaftlicher Theologie aber zeigen, dass diese Worte nicht lediglich eine vergebliche, sondern eine berechtigte Hoffnung besagen.

Weiterführende Literatur

Glauben

B. Welte, Was ist Glauben?, Freiburg 1982.
R. Guardini, Vom Leben des Glaubens, Mainz 1983.
H. Küng, Christ sein, München 1990.
F. v. Kutschera, Vernunft und Glaube, Berlin, New York 1991, 120-140, 212-240.
A. Loichinger, Ist der Glaube vernünftig? Zur Frage nach der Rationalität in Philosophie und Theologie, Neuried b. München 1999, 317-442.
J. Ratzinger, Einführung in das Christentum. Vorlesungen über das Apostolische Glaubensbekenntnis, München 2000.

Theologie

H. J. Pottmeyer, Der Glaube vor dem Anspruch der Wissenschaft, Freiburg 1968.
P. Eicher, Theologie. Eine Einführung in das Studium, München 1980.
W. Kern, F.-J. Niemann, Theologische Erkenntnislehre, Düsseldorf 1981.
W. Pannenberg, Wissenschaftstheorie und Theologie, Frankfurt 1987.
M. Seckler, Theologie als Glaubenswissenschaft, in: W. Kern, H. J. Pottmeyer, M. Seckler (Hg.), Handbuch für Fundamentaltheologie, Bd. 4: Theologische Erkenntnislehre, Freiburg 1988, 180-241.

Gottesbeweise

J. L. Mackie, Das Wunder des Theismus. Argumente für und gegen die Existenz Gottes, Stuttgart 1985.

R. Swinburne, Die Existenz Gottes, Stuttgart 1987.
K.-H. Weger (Hg.), Argumente für Gott. Gott-Denker von der Antike bis zur Gegenwart, Freiburg 1987.
N. Hoerster (Hg.), Glaube und Vernunft. Texte zur Religionsphilosophie, Stuttgart 1988, 16-93.
H. Küng, Existiert Gott? Antwort auf die Gottesfrage der Neuzeit, München 1991.

Leid und Übel in der Welt

J. Hick, Evil and the God of Love, London 1985.
G. Streminger, Gottes Güte und die Übel der Welt. Das Theodizeeproblem, Tübingen 1992.
R. Swinburne, Das Problem des Übels, in: P. Schmidt-Leukel (Hg.), Berechtigte Hoffnung. Über die Möglichkeit, vernünftig und zugleich Christ zu sein, Paderborn 1995, 111-121.
A. Kreiner, Gott und das Leid, Paderborn 1995.
A. Kreiner, Gott im Leid. Zur Stichhaltigkeit der Theodizee-Argumente, Freiburg, Basel, Wien 1997.

Naturwissenschaft und Theologie

K. Schmitz-Moormann (Hg.), Schöpfung und Evolution. Neue Ansätze zum Dialog zwischen Naturwissenschaften und Theologie, Düsseldorf 1992.
W. Gräb, Urknall oder Schöpfung? Zum Dialog von Naturwissenschaft und Theologie, Gütersloh 1995.
A. Peacocke, Gottes Wirken in der Welt. Theologie im Zeitalter der Naturwissenschaften, Mainz 1998.
J. Dorschner (Hg.), Der Kosmos als Schöpfung. Zum Stand des Gesprächs zwischen Naturwissenschaft und Theologie, Regensburg 1998.
J. Polkinghorne, An Gott glauben im Zeitalter der Naturwissenschaften, Gütersloh 2000.

J. Polkinghorne, Theologie und Naturwissenschaften. Eine Einführung, Gütersloh 2001.

Religiöse Erfahrung

R. Swinburne, Die Existenz Gottes, Stuttgart 1987, 336-383.
Ch. D. Broad, Subjektive Gotteserfahrung und objektive Realität, in: N. Hoerster (Hg.), Glaube und Vernunft. Texte zur Religionsphilosophie, Stuttgart 1988, 147-164.
J. Hick, Religiöse Erfahrung. Ihr Wesen und ihre Zuverlässigkeit, in: P. Schmidt-Leukel (Hg.), Berechtigte Hoffnung. Über die Möglichkeit, vernünftig und zugleich Christ zu sein, Paderborn 1995, 85-98.
J. Hick, Religion. Die menschlichen Antworten auf die Frage nach Leben und Tod, München 1996, 230-252, 322-366.
W. Alston, Religiöse Erfahrung und religiöse Überzeugungen, in: Chr. Jäger (Hg.), Analytische Religionsphilosophie, Paderborn 1998, 303-316.
A. Loichinger, Ist der Glaube vernünftig? Zur Frage nach der Rationalität in Philosophie und Theologie, Neuried b. München 1999, 757-831.

Anmerkungen

[1] W. Pannenberg, Anthropologie in theologischer Perspektive, Göttingen 1983, 40-76.

[2] B. Welte, Religionsphilosophie, Freiburg, Basel, Wien 1980, 33.

[3] B. Russell, Warum ich kein Christ bin, Hamburg 1989, 188.

[4] A. Schopenhauer, Welt als Wille und Vorstellung, Zürich 1948, Teil II, Kap. 46.

[5] J. Ratzinger, Einführung in das Christentum, München 1968, 45.

[6] W. C. Smith, The Meaning and End of Religion, Minneapolis 1991, 187.

[7] J. Ratzinger, Theologische Prinzipienlehre, München 1982, 68 f.

[8] J. Hick, Religion. Die menschlichen Antworten auf die Frage nach Leben und Tod, München 1996, 49 f.

[9] J. Hick, Philosophy of Religion, Englewood Cliffs 1990, 106.

[10] P. Tillich, Offenbarung und Glaube (Gesammelte Werke, hg. v. R. Albrecht, Bd. 8), Stuttgart 1970, 179.

[11] K. Jaspers, Die geistige Situation der Zeit, Berlin, New York 1978. – Ders., Die Atombombe und die Zukunft des Menschen, München, Zürich 1982.

[12] Papst Johannes Paul II., Ansprache an die Päpstliche Akademie der Wissenschaften, 31. Okt. 1992, in: J. Dorschner (Hg.), Der Kosmos als Schöpfung, Regensburg 1998, 215-224, hier: 220.

[13] Aristoteles, Lehre vom Beweis oder Zweite Analytik, I, 2; 71 b 9-12.

[14] K. Popper, Auf der Suche nach einer besseren Welt, München 1984, 12.

[15] W. Pannenberg, Wissenschaftstheorie und Theologie, Frankfurt 1987, 302 u. 347.

[16] W. Pannenberg, Wahrheit, Gewißheit und Glaube, in: ders., Grundfragen systematischer Theologie. Gesammelte Aufsätze, Bd. 2, Göttingen 1980, 226-264, hier: 263.

[17] I. Vatikanisches Konzil, Dogmatische Konstitution „Dei Filius" über den katholischen Glauben (1870), DH 3004.

[18] Anselm v. Canterbury, Proslogion III.

[19] C. Hartshorne, The Logic of Perfection, La Salle 1962. – A. Plantinga, The Nature of Necessity, Oxford 1974 (Kap. 10). – N. Malcolm, Anselms Ontological Argument, in: The Philosophical Review 69 (1969) 41-62. – J. Hick, A. C. McGill (eds.), The Many-Faced Argument, New York 1967.

[20] I. Kant, Beantwortung der Frage: Was ist Aufklärung?, in: E. Bahr (Hg.), Was ist Aufklärung. Thesen und Definitionen, Stuttgart 1992, 9.

[21] I. Kant, Kritik der reinen Vernunft, B 626 f.

[22] Ebd., B 628.

[23] R. Heinzmann, Thomas von Aquin. Eine Einführung in sein Denken, Stuttgart 1994.

[24] Thomas v. Aquin, Summa Theologiae, I, q.2, a.3.

[25] G. W. Leibniz, Über den ersten Ursprung der Dinge, in: ders., Fünf Schriften zur Logik und Metaphysik, hg. v. H. Herring, Stuttgart 1987, 39-50, hier: 39 f.

[26] B. Russell, Warum ich kein Christ bin, Hamburg 1989, 188. – Ebenso: J. L. Mackie, Das Wunder des Theismus. Argumente für und gegen die Existenz Gottes, Stuttgart 1987, 147.

[27] W. Paley, Natural Theology or Evidences of the Existence and Attributes of the Deity Collected from the Apparences of Nature, 1802.

[28] D. Hume, Dialoge über natürliche Religion, Stuttgart 1981, 60.

[29] Ch. Darwin, On the Origin of Species by Means of Natural Selection, London 1859 (= Die Entstehung der Arten durch natürliche Zuchtwahl, Stuttgart 1963, 678).

[30] B. Kanitscheider, Die Feinabstimmung des Universums, in: E. Dahl (Hg.), Die Lehre des Unheils. Fundamentalkritik am Christentum, Hamburg 1993, 72-83, hier: 82.

[31] A. Einstein, Mein Weltbild, Frankfurt, Berlin 1991. – M. Planck, Religion und Naturwissenschaft. Ein Vortrag, Leipzig 1938. – W. Heisenberg, Der Teil und das Ganze. Gespräche im Umkreis der Atomphysik, München 1985.

[32] J. H. Newman, Entwurf einer Zustimmungslehre, hg. v. M. Laros, W. Becker, Mainz 1961, 77.

[33] J. L. Mackie, Die Ohnmacht moralischer Gottesbeweise, in: N. Hoerster (Hg.), Glaube und Vernunft. Texte zur Religionsphilosophie, Stuttgart 1988, 84-93, hier: 86.

[34] I. Kant, Kritik der praktischen Vernunft.

[35] G. W. Leibniz, Essais de Théodicée (1710), dt. v. A. Buchenau, Hamburg 1968.

[36] N. Hoerster, Die Unlösbarkeit des Theodizeeproblems, in: E. Dahl (Hg.), Die Lehre des Unheils. Fundamentalkritik am Christentum, Hamburg 1993, 53-71. – G. Streminger, Gottes Güte und die Übel der Welt. Das Theodizeeproblem, Tübingen 1992. – J. L. Mackie, Das Wunder des Theismus. Argumente für und gegen die Existenz Gottes, Stuttgart 1987, 239-281.

[37] D. Griffin, Creation out of Chaos and the Problem of Evil, in: S. T. Davis (ed.), Encountering Evil. Live Options in Theodicy,

Atlanta 1981, 101-119, hier: 106.- Dazu: D. Griffin, God, Power, and Evil. A Process Theodicy, Philadelphia 1976.
[38] A. N. Whitehead, Prozeß und Realität. Entwurf einer Kosmologie, Frankfurt 1995, 618.
[39] J. Hick, Evil an the God of Love, London 1985, 243-364. – R. Swinburne, Die Existenz Gottes, Stuttgart 1987, 273-308. – Ders., Providence and the Problem of Evil, Oxford 1998. – A. Kreiner, Gott im Leid. Zur Stichhaltigkeit der Theodizee-Argumente, Freiburg, Basel, Wien 1997, 207-399.
[40] N. Hoerster, Die Unlösbarkeit des Theodizeeproblems, in: E. Dahl (Hg.), Die Lehre des Unheils. Fundamentalkritik am Christentum, Hamburg 1993, 53-71, hier: 61.
[41] R. Swinburne, Die Existenz Gottes, Stuttgart 1987, 283.
[42] A. Kreiner, Gott im Leid. Zur Stichhaltigkeit der Theodizee-Argumente, Freiburg, Basel, Wien 1997, 362.
[43] J. Hick, Evil and the God of Love, London 1985, 333. – K. Rahner, Warum läßt Gott uns leiden?, in: ders., Schriften zur Theologie, Bd. 14, Zürich, Einsiedeln, Köln 1980, 450-466, hier: 460.
[44] B. Kanitscheider, Interview, in: Spektrum der Wissenschaft (Nov. 1999) 80-83, hier: 80.
[45] St. Mason, Geschichte der Naturwissenschaft, Darmstadt 1997, 153-199, 487-513.
[46] R. Bellarmin an A. Foscarini, 12. 4. 1615, in: A. Mudry (Hg.) Galileo Galilei. Schriften, Briefe, Dokumente, Bd. 2, München 1987, 46.
[47] Papst Leo XIII., Enzyklika „Providentissimus Deus" (1893), DH 3287. – Papst Pius X., Antwort der Bibelkommission (1909), DH 3514.
[48] Papst Johannes Paul II., Ansprache an die Päpstliche Akademie der Wissenschaften, 31. Okt. 1992, in: J. Dorschner (Hg.), Der Kosmos als Schöpfung, Regensburg 1998, 215-224, hier: 218 f.
[49] II. Vatikanisches Konzil, Dogmatische Konstitution über die göttliche Offenbarung (Dei Verbum), III, 12.
[50] Papst Johannes Paul II., Ansprache an die Päpstliche Akademie der Wissenschaften, 31. Okt. 1992, in: J. Dorschner (Hg.), Der Kosmos als Schöpfung, Regensburg 1998, 215-224, hier: 220 f.
[51] St. Weinberg, Die Frage nach Gott, in: E. Dahl (Hg.), Die Lehre des Unheils. Fundamentalkritik am Christentum, Hamburg 1993, 32-52, hier: 38.
[52] J. Monod, Zufall und Notwendigkeit. Philosophische Fragen der modernen Biologie, München 1991, 151.

[53] P. S. de Laplace, Philosophischer Versuch über die Wahr-scheinlichkeiten, übers. v. N. Schwaiger, Leipzig 1886, 4.

[54] K. Popper, Indeterminismus und menschliche Freiheit, in: ders., Lesebuch, Tübingen 2000, 234-251, hier: 240, 244.

[55] St. Hawking, Eine kurze Geschichte der Zeit. Die Suche nach der Urkraft des Universums, Reinbek 1988, 218 u. 179.

[56] F. Tipler, Physik der Unsterblichkeit. Moderne Kosmologie, Gott und die Auferstehung der Toten, München, Zürich 1994, 406, 395 f.

[57] I. Prigogine, Die Gesetze des Chaos, Frankfurt 1998, 54 f. 83-88.

[58] A. Einstein an M. Born, 4. Dez. 1926, in: A. Einstein, Hedwig und Max Born, Briefwechsel 1915-1955, München 1969, 129 f.

[59] A. Einstein, Mein Weltbild, Frankfurt, Berlin 1991, 171.

[60] B. Kanitscheider, Von der mechanistischen Welt zum kreativen Universum. Zu einem neuen philosophischen Verständnis der Natur, Darmstadt 1993, 176-188.

[61] P. Jordan, Der Naturwissenschaftler vor der religiösen Frage, Oldenburg 1972, 154, 156.

[62] W. Wild, Die Entstehung des Kosmos. Zum Erkenntnisstand der modernen Physik, in: J. Dorschner (Hg.), Der Kosmos als Schöpfung, Regensburg 1998, 15-41, hier: 39 f.

[63] W. Pannenberg, Geist als Feld – nur eine Metapher?, in: ders., Beiträge zur Systematischen Theologie, Bd. 2: Natur und Mensch – und die Zukunft der Schöpfung, Göttingen 2000, 64-68, hier: 64. – Dazu: ders., Systematische Theologie, Bd. 2, Göttingen 1991, 99-105.

[64] I. Prigogine, Interview, in: G. Altner (Hg.), Die Welt als offenes System. Eine Kontroverse um das Werk von Ilya Prigogine, Frankfurt 1986, 172-187, hier: 183.

[65] J. Polkinghorne, Theologie und Naturwissenschaften. Eine Einführung, Gütersloh 2001, 120-123. – Dazu: ders., Science and Providence, London 1989, 32 f. – Ders., Quarks, Chaos and Christianity. Questions to Science and Religion, London 1994, 69 f.

[66] Thomas v. Aquin, Summa Theologiae, I, q.22, a.1f.

[67] B. Welte, Das Licht des Nichts. Von der Möglichkeit neuer religiöser Erfahrung, Düsseldorf 1985, 20.

[68] F. Kluge, Etymologisches Wörterbuch der deutschen Sprache, Berlin, New York 1989, 185.

[69] K. Rahner, Grundkurs des Glaubens. Einführung in den Begriff des Christentums, Freiburg, Basel, Wien 1980, 42-46. – Ders., Erfahrung des Heiligen Geistes, in: ders., Schriften zur Theologie, Bd. 13, Zürich, Einsiedeln, Köln 1978, 226-251.

151

[70] F. v. Kutschera, Grundfragen der Erkenntnistheorie, Berlin, New York 1982, 179-188.

[71] R. Swinburne, Die Existenz Gottes, Stuttgart 1987, 336-383. – C. Davis, The Evidential Force of Religious Experience, Oxford 1989. – J. Hick, Arguments for the Existence of God, in: P. Badham (ed.), A John Hick Reader, London 1990, 49-67. – Ders., Philosophy of Religion, Englewood Cliffs 1990, 68-81. – Ders., Religion. Die menschlichen Antworten auf die Frage nach Leben und Tod, München 1996, 230-252, 322-366. – A. Plantinga, N. Wolterstorff (eds.), Faith and Rationality. Reason and Belief in God, Notre Dame 1991. – W. Alston, Perceiving God. The Epistemology of Religious Experience, Ithaca 1991.

[72] R. Gale, On the Nature and Existence of God, Cambridge 1993, 298-326.

[73] Ebd., 310.

[74] D. Hume, Eine Untersuchung über den menschlichen Verstand, Stuttgart 1990, 155 f.

[75] J. Hick, Religion. Die menschlichen Antworten auf die Frage nach Leben und Tod, München 1996, 254-273.

[76] B. Pascal, Gedanken, hg. v. W. Rüttenauer, Birsfelden, Basel (ohne Jahreszahl), Nr. 226, 100.

[77] J. Hick, Faith and Knowledge, London 1988, 177; dt. Übers. in: N. Hoerster (Hg.), Glaube und Vernunft. Texte zur Religionsphilosophie, Stuttgart 1988, 220 f.